Introdução a Algoritmos e Estruturas de Dados

1

Uma base sólida para o mundo real de aprendizado de máquina e análise de dados

Bolakale Aremu

AB Publisher LLC

Introdução a Algoritmos e Estruturas de Dados 1

Uma base sólida para o mundo real de aprendizado de máquina e análise de dados

Primeira Edição

ISBN: 979-8-3492-8025-2

AB Publisher LLC é uma equipe de profissionais experientes dedicada a fornecer materiais educacionais de alta qualidade em diversas disciplinas, incluindo ciências físicas, ciência da computação, engenharia e muito mais. Através de cursos e recursos de aprendizagem meticulosamente projetados, a equipe garante que estudantes de todos os níveis adquiram uma compreensão profunda de IA, cibersegurança e engenharia de software, descomplicando tópicos complexos e transformando-os em aplicações práticas e envolventes.
Com uma filosofia de ensino centrada no pensamento crítico, inovação e adaptabilidade, AB Publisher LLC prepara os alunos com as habilidades necessárias para se destacar no cenário digital atual. Seja orientando estudantes em mitigação de ameaças cibernéticas, desenvolvimento de IA ou engenharia de software avançada, nossa missão é inspirar a próxima geração de líderes, promovendo práticas éticas e seguras em um mundo cada vez mais interconectado.

Impresso nos Estados Unidos da América
Número da Impressão: 01

Sou grato à minha mãe pelo seu amor, compreensão e apoio durante o período de escrita deste livro didático.

Bolakale Aremu

Índice

Sobre o Autor

Meu nome é Bolakale Aremu. Minha formação educacional é em desenvolvimento de software. Trabalho com alguns colegas que são desenvolvedores de software e engenheiros de sistemas. Passei mais de 17 anos como desenvolvedor de software e também realizei diversas outras atividades. Estive envolvido no SDLC/processos, ciência de dados, segurança e arquitetura de sistemas operacionais, entre muitos outros. Meu projeto mais recente é a computação serverless, onde simplifico a construção e a execução de sistemas distribuídos. Sempre utilizo uma abordagem prática em meus projetos e cursos.

Bolakale Aremu
CEO, AB Publisher LLC
Desenvolvedor Web e Engenheiro de Software

0. O Que Você Vai Aprender e Como Obter Ajuda

O design de um algoritmo eficiente para a solução de um problema exige a inclusão de estruturas de dados apropriadas. No campo da ciência da computação, as estruturas de dados são usadas para armazenar e organizar dados de uma maneira que seja fácil de entender e utilizar. Elas são usadas para organizar e representar dados de forma que facilite a recuperação e análise por parte dos computadores. Estes são os blocos fundamentais que qualquer programador deve saber usar corretamente para construir seus próprios programas.

0.1. Benefícios de aprender sobre algoritmos e estruturas de dados

Primeiramente, eles ajudarão você a se tornar um programador melhor. Outro benefício é que eles o farão pensar de forma mais lógica. Além disso, podem ajudá-lo a projetar melhores sistemas para armazenar e processar dados. Elas também servem como uma ferramenta para otimização e resolução de problemas.

Como resultado, os conceitos de algoritmos e estruturas de dados são muito valiosos em qualquer área. Por exemplo, você pode usá-los ao construir um aplicativo web ou ao escrever software para outros dispositivos. Você pode aplicá-los em aprendizado de máquina e análise de dados, que são duas áreas em alta no momento. Se você é um hacker, algoritmos e estruturas de dados em Python também são importantes para você em qualquer lugar.

Agora, independentemente do seu estilo de aprendizagem preferido, eu tenho o que você precisa. Se você é um aprendiz visual, vai adorar meus diagramas e ilustrações claras ao longo deste livro. Se você é um aprendiz prático, vai adorar minhas lições práticas, para que você possa colocar em prática algoritmos e estruturas de dados e aprender de uma maneira prática.

0.2. Estrutura do Curso

Este curso é composto por três volumes. Este é o **volume um**. Neste volume, você fará uma imersão no mundo dos **algoritmos**. Com cada vez mais frequência, os **algoritmos** estão começando a moldar nossas vidas de várias maneiras - desde os produtos recomendados para nós, até os amigos com quem interagimos nas redes sociais, e até questões sociais importantes como policiamento, privacidade e saúde. Então, a primeira parte deste curso abrange o que são **algoritmos**, como funcionam e onde podem ser encontrados (aplicações da vida real).

No segundo volume, você trabalhará com uma introdução às **estruturas de dados**. Você aprenderá sobre duas **estruturas de dados** introdutórias - **arrays** e **listas encadeadas**. Você analisará operações comuns e como os tempos de execução dessas operações afetam nosso código do dia a dia.

No terceiro volume, você reunirá seus conhecimentos sobre **algoritmos** e **estruturas de dados** para resolver o problema de ordenar dados utilizando o algoritmo **Merge Sort**. Analisaremos **algoritmos** em duas categorias: **ordenação** e **busca**. Você implementará **algoritmos** de **ordenação** bem conhecidos, como **Selection Sort**, **Quicksort** e **Merge Sort**. Também aprenderá **algoritmos** básicos de **busca**, como **Busca Sequencial** e **Busca Binária**.

Ao final de muitas seções deste curso, serão fornecidos exercícios curtos para testar sua compreensão do tópico abordado. As respostas também são fornecidas para que você possa verificar o quão bem se saiu em cada seção. Ao final do curso, você encontrará um link para baixar mais recursos úteis, como códigos e capturas de tela usadas neste livro, além de mais exercícios de prática. Você pode usá-los como referência rápida e revisão também. O link de **suporte** também está disponível para você me contatar a qualquer momento, caso tenha dúvidas ou precise de mais ajuda.

Ao final deste curso, você entenderá o que são **algoritmos** e **estruturas de dados**, como são medidos e avaliados, e como são usados para resolver problemas da vida real. Então, tudo o que você precisa está aqui neste livro. Eu realmente espero que você aproveite. Está pronto? Vamos começar!

1. Introdução aos Algoritmos

Se você é estudante do ensino médio ou da faculdade, desenvolvedor na indústria ou alguém que está aprendendo a programar, com certeza já se deparou com o termo algoritmo. Para muitas pessoas, essa palavra é um pouco assustadora. Ela representa um corpo de conhecimento que parece sempre fora do alcance. Só quem tem diploma em Ciência da Computação entende de algoritmos.

Para outros, esse termo pode despertar síndrome do impostor. Talvez você já saiba programar, mas sente que não é um "desenvolvedor de verdade" porque não entende nada sobre algoritmos. Isso faz com que alguns profissionais vejam certas vagas como fora do seu alcance, só porque a entrevista envolvia perguntas sobre algoritmos.

Bom, seja qual for o seu motivo, o nosso objetivo neste curso é eliminar todas essas inseguranças e te deixar confortável com os conceitos básicos de algoritmos.

Como em qualquer outro assunto, gosto de começar os cursos explicando o que ele é e o que ele não é.

Nesta parte do curso, vamos abordar o conjunto básico de conhecimentos que você precisa como fundação para aprender algoritmos. Essa parte é menos sobre algoritmos específicos e mais sobre as ferramentas que você vai usar para avaliá-los, entender como eles funcionam, compará-los entre si e analisar sua utilidade em um determinado contexto.

Agora, não se preocupe. Nada disso será apenas teórico — vamos aprender esses conceitos usando algoritmos conhecidos. Também vamos escrever código, então espero que você já tenha alguma experiência com programação se pretende continuar com este assunto.

Você com certeza pode continuar aqui mesmo sem saber programar, mas talvez queira aprender o básico de programação antes.

Enquanto isso, estaremos usando a linguagem de programação Python. Python é muito legível e se assemelha bastante ao inglês cotidiano, o que o torna uma das linguagens mais comuns para aprender sobre algoritmos hoje em dia. Se você é iniciante em programação, ou se já conhece outra linguagem de programação, confira o seguinte livro ou um recurso similar que simplifica o Python para iniciantes:

https://www.scribd.com/book/513773394/Python-Programming-from-Beginner-to-Paid-Professional-Part-1-Learn-Python-for-Automation-IT-with-Video-Tutorials (ou use este link curto BIT.LY: http://bit.ly/3ZKREhB).

Mesmo que você seja completamente novo em Python, desde que tenha uma boa compreensão dos fundamentos da programação, deverá ser capaz de acompanhar com facilidade. Por exemplo, se você é um desenvolvedor JavaScript ou um estudante aprendendo JavaScript, há uma boa chance de que ainda consiga entender o código que escreveremos mais tarde. Eu me certificarei de fornecer links e recursos ao longo do caminho, caso você precise de algo para acompanhar. Vamos começar com algo simples.

1.1. Jogando um Jogo de Contagem

Vamos começar com uma introdução suave aos algoritmos jogando um jogo simples com dois dos meus colegas! Nas próximas lições, falaremos sobre o pensamento algorítmico, o que é um algoritmo e daremos nossa primeira olhada em dois algoritmos populares de busca.

1.1.1. O que é um Algoritmo?

Um algoritmo é um conjunto de passos ou instruções para realizar uma tarefa. Isso pode parecer uma simplificação excessiva, mas na verdade é exatamente isso que um algoritmo é. Uma receita é um algoritmo. Sua rotina matinal quando você acorda é um algoritmo e as direções de direção que você segue para chegar a um destino também são um algoritmo. Em ciência da computação, o termo algoritmo significa mais especificamente o conjunto de passos que um programa segue para concluir uma tarefa.

Se você já escreveu código antes (como print("Hello World") ou qualquer outro código), de forma geral, você escreveu um algoritmo. Dado que muito do código que escrevemos pode ser considerado um algoritmo, o que as pessoas querem dizer quando dizem que você deve saber sobre algoritmos? Agora, considere isso.

Vamos supor que sou um professor em uma sala de aula e digo a todos que tenho uma tarefa para eles. Nas suas mesas, eles têm uma imagem de um labirinto e sua tarefa é encontrar a maneira mais rápida de sair do labirinto. Todos fazem o seu trabalho e encontram uma solução.

Figura 1.1.1: Estudantes resolveram um problema de labirinto em uma sala de aula

Cada uma dessas soluções é uma solução viável e um exemplo válido de um **algoritmo**: os passos que alguém precisa seguir para sair do labirinto.

Figura 1.1.2: Três soluções para o problema do labirinto foram desenhadas na lousa pelo professor.

Mas, como sabemos de experiências em salas de aula ou em qualquer grupo de qualquer tipo, você sabe que algumas pessoas terão ideias melhores do que outras. Todos nós temos uma variedade diversa de habilidades. Com o tempo, nossa classe escolhe a melhor dessas soluções, e sempre que quisermos resolver um labirinto, escolhemos uma dessas soluções. Isso é o que o campo dos **algoritmos** trata. Existem muitos problemas em **ciência da**

computação, mas alguns deles são bem comuns. Independentemente do projeto em que você esteja trabalhando, diferentes pessoas criaram diferentes soluções para esses problemas comuns, e com o tempo, o campo da **ciência da computação** identificou várias que fazem bem o trabalho para uma tarefa específica.

Quando falamos sobre **algoritmos**, estamos nos referindo a dois pontos. Primeiramente, estamos dizendo que existe um corpo de conhecimento estabelecido sobre como resolver problemas específicos de forma eficiente, e é importante saber quais são essas soluções. Agora, por que isso é importante? Se você não souber que uma solução existe, pode tentar criar uma por conta própria e há uma probabilidade de que sua solução não seja tão boa ou eficiente, seja lá o que isso signifique, em comparação com aquelas que foram minuciosamente revisadas. Mas também há um segundo componente nisso.

Parte de entender algoritmos não é apenas saber que um algoritmo existe, mas entender quando aplicá-lo. Compreender quando aplicar um algoritmo requer entender corretamente o problema em questão, e isso, sem dúvida, é a parte mais importante de aprender sobre **algoritmos** e **estruturas de dados**. À medida que você avança neste capítulo, deverá ser capaz de olhar para um problema e dividi-lo em etapas distintas. Quando tiver um conjunto de etapas, você deverá ser capaz de identificar qual **algoritmo** ou **estrutura de dados** é o melhor para a tarefa em questão.

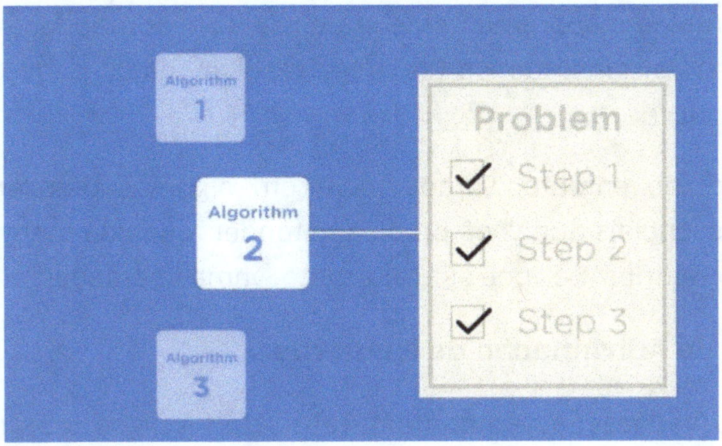

Figura 1.1.3: Pensamento algorítmico: O Algoritmo 2 foi considerado o melhor para resolver o problema

Tradução dos Rótulos da Imagem:

- Algorithm 1 → Algoritmo 1
- Algorithm 2 → Algoritmo 2
- Algorithm 3 → Algoritmo 3
- Problem → Problema
- Step 1 → Etapa 1
- Step 2 → Etapa 2
- Step 3 → Etapa 3

Esse conceito é chamado de pensamento algorítmico, e é algo que vamos tentar desenvolver juntos ao longo deste capítulo. Por fim, aprender sobre algoritmos proporciona uma compreensão mais profunda sobre complexidade e eficiência na programação. Ter uma noção mais clara de como seu código se comporta em diferentes situações é algo que você sempre vai querer aprimorar e refinar.

O pensamento algorítmico é o motivo pelo qual algoritmos também aparecem em entrevistas de grandes empresas de tecnologia. Os entrevistadores não se importam tanto com a sua capacidade de escrever um algoritmo específico em código, mas sim com o fato de que você consegue dividir um problema aparentemente impossível em componentes distintos e identificar as ferramentas certas para resolver cada parte. É isso que planejamos fazer.

Neste curso, no entanto, vamos focar em algumas das ferramentas e conceitos essenciais que você precisa entender antes de mergulharmos no tópico de algoritmos. Se você estiver pronto, vamos começar!

1.1.2. Jogo de Adivinhação de Números

Nesta seção, vou fazer algo incomum. Tenho dois amigos, a Britney e o John, que vão jogar um jogo comigo. Esse jogo é bem simples, e talvez você já tenha jogado antes. Funciona mais ou menos assim:
Vou pensar em um número entre 1 e 10, e eles têm que adivinhar qual é esse número. Fácil, né? Quando eles fizerem um palpite, eu vou dizer se o número está alto demais ou baixo demais. Ganha quem acertar com o menor número de tentativas. Só entre nós: a resposta é 3. Certo, vamos começar com o John.

Eu: Estou pensando em um número entre 1 e 10. Qual é?
John: Ah, pergunta rápida. O intervalo inclui o 1 e o 10?

Essa é uma ótima pergunta. O que o John fez ali foi estabelecer os limites do nosso problema. Nenhuma solução funciona para todos os problemas, e uma parte importante do pensamento algorítmico é definir claramente o conjunto do problema e esclarecer quais valores são considerados entradas.

Eu: Sim, 1 e 10 estão incluídos.
John: É 1?
Eu: Muito baixo.
John: É 2?
Eu: Muito baixo.
John: É 3?

Eu: Correto!

Certo, essa foi fácil. O John levou três tentativas para acertar a resposta. Agora vamos passar para a Britney e jogar mais uma rodada usando o mesmo número como resposta.

Eu: Britney, estou pensando em um número entre 1 e 10, inclusive — então 1 e 10 estão dentro do intervalo. Que número estou pensando?
Britney: É 5?
Eu: Muito alto.
Britney: Dois?
Eu: Muito baixo.
Britney: É 3?
Eu: Correto!

O que tivemos aqui foram duas formas bem diferentes de jogar o mesmo jogo. Mesmo em um jogo tão simples, vimos abordagens distintas para encontrar uma solução. Voltando ao **pensamento algorítmico** por um momento, isso mostra que, para qualquer problema, **não existe uma única melhor solução**. O que devemos tentar descobrir é **qual solução funciona melhor para o problema atual**.

Na primeira rodada do jogo, ambos levaram a mesma quantidade de tentativas para encontrar a resposta, então não ficou claro quem teve a melhor abordagem — e isso se deve principalmente ao fato de que o jogo era fácil.

Vamos tentar mais uma vez. Desta vez, a resposta é **10**. Agora, começando com o John.

John: É 1?
Eu: Muito baixo.
John: É 2?

Eu: Ainda muito baixo.
John: É 3?
Eu: Muito baixo.
John: É 4?
Eu: Muito baixo.
John: É 5?
Eu: Ainda muito baixo.
John: É 6?
Eu: Muito baixo.
John: É 7?
Eu: Muito baixo.
John: É 8?
Eu: Muito baixo.
John: É 9?
Eu: Muito baixo.
John: É 10?
Eu: Correto. Você acertou!

Agora vamos fazer o mesmo com a Britney.

Britney: É 5?
Eu: Muito baixo.
Britney: 8?
Eu: Muito baixo.
Britney: É 9?
Eu: Ainda muito baixo.
Britney: É 10.

Aqui, começamos a ver uma diferença entre as estratégias deles. Quando a resposta era 3, os dois levaram o mesmo número de tentativas. Isso é importante. Quando o número era maior — mas nem tanto, como o 10 neste caso — começamos a perceber que a estratégia da Britney foi melhor. Ela levou quatro tentativas, enquanto o John precisou de dez.

Jogamos duas rodadas até agora, e vimos resultados diferentes dependendo do número que eles estavam tentando adivinhar.

Se olharmos para o jeito que o John faz as coisas, a resposta sendo 10 (a rodada que acabamos de jogar) é o pior cenário possível para ele. Ele leva o número máximo de tentativas (dez) para acertar. Quando escolhemos um número aleatório como 3, era difícil dizer qual estratégia era melhor porque ambos tiveram o mesmo desempenho.

Mas no pior caso do John, surge um vencedor claro em termos de estratégia.

No contexto do pensamento algorítmico, começamos a perceber que o valor específico que está sendo procurado talvez não importe tanto quanto a posição desse valor dentro do intervalo que foi definido.

Identificar isso nos ajuda a entender melhor o nosso problema. Vamos repetir o exercício, agora com um intervalo de números de 1 a 100. Vamos começar escolhendo o número **5** como resposta — só para enganá-los um pouco. Desta vez, o intervalo vai de **1 a 100**, com os dois valores **incluídos**.

Neste ponto, **sem nem precisar fazer o exercício**, já podemos adivinhar quantas tentativas o John vai precisar. Como ele começa no 1 e vai subindo, vai levar **cinco tentativas**.

Agora é a vez da Britney — vamos rodar o exercício com ela.

Britney: É 50?
Eu: Muito alto.
Britney: É 25?
Eu: Ainda muito alto.
Britney: É 13?

Eu: Muito alto.
Britney: É 7?
Eu: Muito alto.
Britney: É 4?
Eu: Muito baixo.
Britney: É 6?
Eu: Muito alto.
Britney: É 5?
Eu: Correto!

Vamos avaliar.
John levou cinco tentativas.
Britney levou sete tentativas.
Então, o John venceu essa rodada.

Mas, novamente, ao tentar determinar **qual estratégia é preferida, ainda não temos um vencedor claro**. O que isso nos mostra é que **não é muito útil analisar os casos fáceis**, em que o número é encontrado rapidamente porque está **no início do intervalo**.

Em vez disso, vamos analisar um cenário onde **sabemos que o John vai se sair mal** — o **pior caso** para ele: quando a resposta é **100**. Vamos ver como a Britney se sai nesse cenário.

Se eu fizer esse exercício mais uma vez com o John, de 1 a 100, você já sabe o que vai acontecer:
O John vai levar 100 tentativas.

Eu: Agora, Britney, é sua vez.
Britney: É 50?
Eu: Muito baixo.
Britney: É 75?
Eu: Muito baixo.

Britney: 88?
Eu: Muito baixo.
Britney: 94?
Eu: Muito baixo.
Britney: É 97?
Eu: Muito baixo.
Britney: 99?
Eu: Muito baixo.
Britney: 100.
Eu: Correto.

Isso levou sete tentativas da Britney novamente — e desta vez ela é claramente a vencedora.
Se você comparar o desempenho individual dos dois para o mesmo intervalo de números, verá que a abordagem da Britney deixa a do John para trás.

Quando a resposta era 5, bem no início do intervalo, o John levou cinco tentativas. Mas quando a resposta era 100, no final do intervalo, ele precisou de 100 tentativas. Ou seja, ele precisou de 20 vezes mais tentativas para encontrar a resposta, em comparação com a Britney.

Por outro lado, se você observar o desempenho da Britney, ela levou sete tentativas tanto quando o número era 5 quanto quando era 100. Isso é bastante impressionante.

Se fingirmos que o número de tentativas é o número de segundos que a Britney e o John levam para encontrar a resposta, isso nos dá uma boa estimativa de quão rápidas são suas soluções.

Certo, já fizemos isso algumas vezes, e a Britney e o John estão ficando cansados. Vamos fazer uma pausa.

Na próxima seção, vamos conversar sobre o objetivo desse exercício.

1.1.3. Diretrizes de Algoritmos

Na seção anterior, fizemos um exercício em que alguns dos meus colegas de trabalho tentaram adivinhar qual número eu estava pensando. Qual foi o objetivo daquele exercício? Você pode estar pensando: ei, achei que estava aqui para aprender sobre algoritmos. O exercício que acabamos de fazer foi um exemplo de uma situação da vida real que você encontrará ao construir websites, aplicativos e ao escrever código. Ambas as abordagens usadas por John e Britney para encontrar o número em que eu estava pensando são exemplos de como buscar um valor. Pode parecer estranho pensar que existe mais de uma forma de buscar, mas como você viu no jogo, a velocidade com que o resultado foi obtido variou entre John e Britney.

Pense nesse problema do ponto de vista de uma empresa como o Facebook. No momento em que este livro foi escrito, o Facebook tinha mais de 2,96 bilhões de usuários ativos. Vamos imaginar que você está viajando para outro país e conhece alguém que deseja adicionar no Facebook. Você entra na barra de pesquisa e digita o nome dessa pessoa. Se simplificarmos como o aplicativo do Facebook funciona, ele precisa procurar entre esses 2,96 bilhões de registros e encontrar a pessoa que você está procurando.

A velocidade com que você encontra essa pessoa realmente importa. Imagine que tipo de experiência seria se, ao procurar por um amigo, o Facebook exibisse um indicador de carregamento girando e dissesse: volte em algumas horas. Acho que a gente não usaria tanto o Facebook se fosse assim. Do ponto de vista da empresa, trabalhar para tornar a busca o mais rápida possível usando diferentes estratégias realmente importa. Agora, eu disse que as duas estratégias usadas por Britney e John eram exemplos de busca. Mais especificamente, são algoritmos de busca. A estratégia que John usou, começando do início do intervalo e contando um número após o outro, é um tipo de busca chamado busca linear. Também é chamada de busca sequencial, que é uma descrição melhor de como ela funciona, ou até mesmo de busca simples, já que ela realmente é bem simples.

Mas o que torna a abordagem dele um algoritmo em vez de apenas procurar por algo? Lembra que dissemos que um algoritmo é um conjunto de passos ou instruções para completar uma tarefa? A busca linear é um algoritmo de busca e podemos visualizá-lo assim: começamos do início da lista ou do intervalo de valores. Em seguida, comparamos o valor atual com o alvo. Se o valor atual for o valor alvo que estamos procurando, terminamos (passo 1). Se não for, seguimos sequencialmente para o próximo valor da lista (passo 2) e então repetimos o passo 2. Se chegarmos ao fim da lista, então o valor alvo não está na lista.

Essa definição não tem nada a ver com programação e, na verdade, você pode usá-la no mundo real. Por exemplo, eu poderia te pedir para entrar em uma livraria e encontrar um livro específico para mim, e uma das maneiras de fazer isso seria usando o algoritmo de busca linear. Você poderia começar pela frente da livraria e ler a capa ou a lombada de cada livro para verificar se bate com o livro que está procurando. Se não bater, você vai para o próximo livro e repete até encontrar ou até acabar os livros.

O que torna isso um algoritmo é a especificidade de como ele é definido. Em contraste com simplesmente mergulhar em um problema e resolvê-lo conforme avançamos, um algoritmo segue um determinado conjunto de diretrizes, e usamos os mesmos passos para resolver o problema toda vez que o enfrentamos. Um primeiro passo importante para definir o algoritmo não é o algoritmo em si, mas sim o problema que estamos tentando resolver.

Figura 1.1.4: O número de passos de um Algoritmo para resolver um problema

Tradução dos Rótulos da Imagem:

- Problem → Problema
- Step 1 → Etapa 1
- Step 2 → Etapa 2
- Step 3 → Etapa 3

Nossa primeira diretriz é que um algoritmo deve ter uma declaração de problema clara. É bastante difícil definir um conjunto de instruções quando você não tem uma ideia clara do problema que está tentando resolver. Ao definir o problema, precisamos especificar como a entrada é definida e como a saída deve ser quando o algoritmo tiver feito seu trabalho. Para a busca linear, a entrada pode ser geralmente descrita como uma série de valores, e a saída é um valor que corresponde ao que estamos procurando.

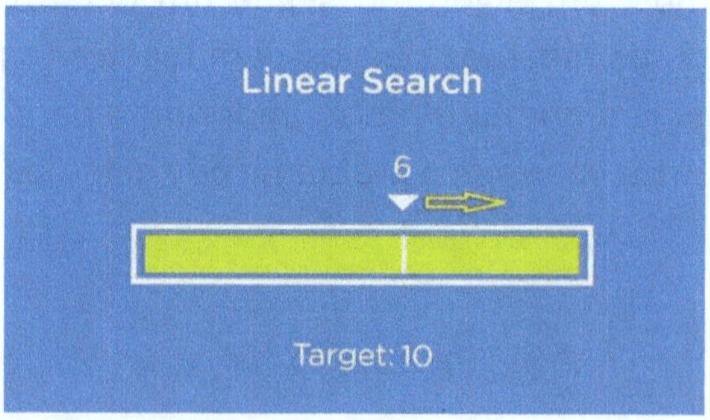

Figura 1.1.5: Um exemplo de um algoritmo de busca linear

Tradução dos Rótulos da Imagem:

- Linear Search → Busca Linear
- Target: 10 → Alvo: 10

Neste momento, estamos tentando evitar qualquer coisa relacionada a código, então essa definição do problema é bem genérica. Mas, assim que chegarmos ao código, poderemos torná-la mais precisa. Uma vez que temos um problema, um algoritmo é um conjunto de passos que resolve esse problema.

Dito isso, a próxima diretriz é que a definição de um algoritmo deve conter um conjunto específico de instruções em uma ordem particular, então precisamos realmente ser claros sobre a ordem em que essas instruções são executadas. Portanto, ordem específica é realmente importante.

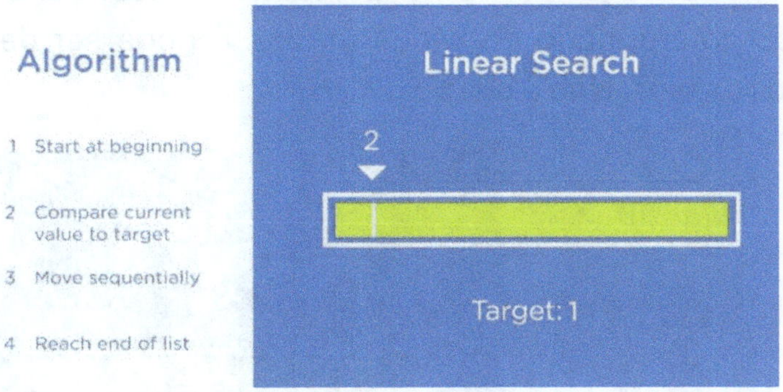

Figura 1.1.6: Uma lista ordenada de passos necessários para completar um algoritmo de busca linear

Tradução dos Rótulos da Imagem:

- Linear Search → Busca Linear
- Target: 1 → Alvo: 1
- Algorithm → Algoritmo
- 1 Start at beginning → 1 Comece do início
- 2 Compare current value to target → 2 Compare o valor atual com o alvo
- 3 Move sequentially → 3 Mova-se sequencialmente
- 4 Reach end of list → 4 Chegue ao final da lista

Tomando nossa definição simples de busca linear, se eu trocasse a ordem na Figura 1.1.6 e dissesse para mover-se sequencialmente para o próximo valor antes de especificar o passo de comparação inicial, se o primeiro valor fosse o valor alvo, nosso algoritmo não o encontraria, porque já teríamos passado para o segundo valor antes de compará-lo. Agora você pode pensar: "Ok, isso é só um erro evitável e meio que senso comum." A questão é que os computadores não sabem nada disso e simplesmente executam exatamente o que mandamos, então a ordem específica é extremamente importante.

A terceira diretriz é que cada passo na definição do nosso algoritmo não deve ser complexo e precisa ser explicitamente claro. O que quero dizer com isso é que não deve ser possível dividir nenhum dos passos em subtarefas adicionais. Cada passo precisa ser distinto e independente. Por exemplo, não podemos definir busca linear como 'procure até encontrar o valor', porque isso pode ser interpretado de várias formas e pode ser decomposto em muitos outros passos. Não é claro.

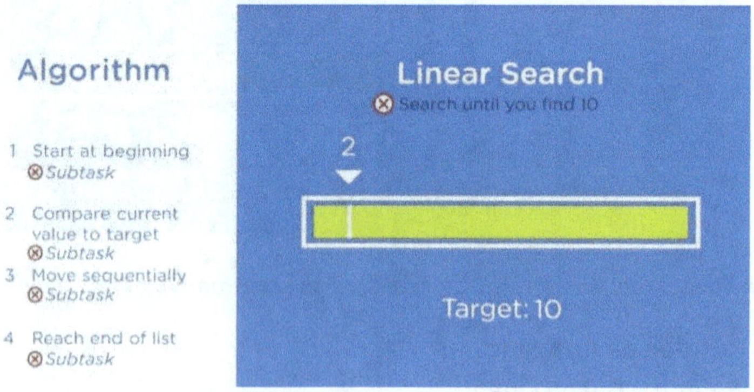

Figura 1.1.7: Cada passo de um Algoritmo precisa ser distinto; subtarefas não são permitidas

Tradução dos Rótulos da Imagem:

- Linear Search → Busca Linear
- Search until you find 10 → Procure até encontrar 10
- Alvo: 10
- 1 Start at beginning (subtask) → 1 Comece do início (subtarefa)

- 2 Compare current value to target (subtask) → 2 Compare o valor atual com o alvo (subtarefa)
- 3 Move sequentially (subtask) → 3 Mova-se sequencialmente (subtarefa)
  4 Reach end of list (subtask) → 4 Chegue ao final da lista (subtarefa)

A seguir, os algoritmos devem produzir um resultado. Isso pode parecer óbvio — afinal, se não produzissem, como saberíamos se o algoritmo funciona ou não? Para que possamos verificar se um algoritmo está funcionando corretamente, precisamos de um resultado. Agora, quando usamos um algoritmo de busca, o resultado final pode ser nada, o que indica que o valor não foi encontrado. E isso está perfeitamente certo. Existem várias maneiras de representar "nada" em código, e desde que o algoritmo consiga produzir algum tipo de resultado, conseguimos entender seu comportamento.

A última diretriz é que o algoritmo precisa realmente ser concluído — ele não pode levar um tempo infinito. Se deixássemos o John solto na maior biblioteca do mundo e pedíssemos para ele encontrar um romance, não teríamos como saber se ele teve sucesso ou não, a menos que ele voltasse com um resultado.

Agora, aqui vai um resumo rápido:
O que torna um algoritmo um algoritmo e não apenas algo que você faz?

Algoritmo

Declaração de problema, entrada e saída claramente definidas.

Os passos do algoritmo precisam estar em uma ordem muito específica.

Os passos também precisam ser distintos.

O algoritmo deve produzir um resultado.

O algoritmo deve ser concluído em um tempo finito.

Figura 1.1.8: Um resumo das 5 diretrizes de algoritmos

1. É necessário ter uma declaração de problema claramente definida, entrada e saída bem definidas. Ao usar a busca linear, a entrada precisa ser apenas uma série de valores, mas para realmente usar a estratégia da Britney, há uma condição prévia adicional, por assim dizer. Se você pensar na estratégia dela, ela exigia que os números estivessem ordenados em ordem crescente. Isso significa que, enquanto a entrada para o algoritmo do John é apenas uma série de valores para resolver o problema, a entrada para o algoritmo da Britney precisa ser uma série de valores ordenados. Então, declaração de problema claramente definida, entrada claramente definida e saída claramente definida.

2. Os passos do algoritmo precisam estar em uma ordem muito específica.

3. Os passos também precisam ser distintos. Você não deve ser capaz de dividi-los em subtarefas adicionais.

4. Em seguida, o algoritmo deve produzir um resultado, e por fim,

5. O algoritmo deve ser concluído em um tempo finito.

Essas diretrizes não apenas nos ajudam a definir o que é um algoritmo, mas também nos ajudam a verificar se o algoritmo está correto. Executar os passos de um algoritmo para uma determinada entrada deve resultar na mesma saída todas as vezes. Se no jogo que joguei acima a resposta fosse 50 toda vez, então todas as vezes o John deveria levar 50 tentativas para descobrir que a resposta é 50. Se por acaso ele leva 50 tentativas em uma rodada e depois 30 na seguinte, tecnicamente não temos um algoritmo correto. Resultados consistentes para o mesmo conjunto de valores são como sabemos que o algoritmo está correto.

É importante destacar que não vamos criar algoritmos por conta própria, e vamos começar — e passar a maior parte do tempo — aprendendo os algoritmos já consagrados, conhecidos por resolver problemas de forma eficiente. O motivo de falarmos sobre o que torna um algoritmo bom, no entanto, é que esse mesmo conjunto de diretrizes serve para um bom raciocínio algorítmico, que é uma das habilidades mais importantes que queremos desenvolver.

Quando nos deparamos com um problema, antes de correr para pensar em soluções, o que queremos fazer é seguir essas diretrizes. Primeiro, dividimos o problema em quantos subproblemas forem possíveis, sendo que cada problema precisa estar claramente definido em termos de uma entrada e uma saída.

1.1.4. Exercício de Prática 1

Q1. Se não conseguimos determinar a saída de um programa, ainda podemos chamá-lo de um algoritmo, mesmo que ele resolva o problema em questão?

A. Não.
B. Sim.

Q2. Por qual dos motivos a seguir aprendemos sobre algoritmos e estruturas de dados? Escolha a alternativa correta abaixo:

A. Para conhecer soluções já existentes para problemas comuns.

B. Para entender a eficiência das soluções para problemas comuns.

C. Para ser capaz de avaliar e dividir problemas em partes distintas.

D. Todas as alternativas anteriores.

1.1.5. Respostas do Exercício de Prática 1

1. A
2. D

1.1.6. Avaliando a Busca Linear

Agora que sabemos como definir um algoritmo de forma geral, vamos falar sobre o que significa ter um bom algoritmo. Uma coisa importante a se ter em mente é que não existe uma única maneira de medir se um algoritmo é a solução certa, porque tudo depende do contexto. Anteriormente, mencionamos dois conceitos: corretude e eficiência. Vamos definir corretude de forma mais clara, porque antes de podermos avaliar um algoritmo quanto à eficiência, precisamos garantir a sua corretude. Antes de definirmos nossos algoritmos, começamos definindo nosso problema.

Na definição desse problema, temos uma entrada claramente definida, que satisfaz quaisquer pré-condições, e uma saída claramente definida. Um algoritmo é considerado correto se, em todas as execuções do algoritmo com todos os valores possíveis nos dados de entrada, sempre obtemos a saída esperada. Parte da corretude significa que, para qualquer entrada possível, o algoritmo deve sempre terminar ou encerrar. Se essas duas condições não forem verdadeiras, então nosso algoritmo não é correto.

Se você pegar um livro de Algoritmos e procurar por corretude, encontrará um monte de teoria matemática. Isso acontece porque, tradicionalmente, a corretude de algoritmos é provada por indução matemática, que é uma forma de raciocínio usada na matemática para verificar se uma afirmação é correta. Essa abordagem envolve escrever o que é chamado de especificação e uma prova de corretude.

Não vamos entrar nisso neste curso. A prova por indução é uma parte importante do design de algoritmos, mas estamos confiantes de que você pode entender algoritmos — tanto em termos de como quanto quando usá-los — sem entrar na matemática. Então, se você pegar um livro didático e se sentir intimidado, não se preocupe. Eu também fico. Mas ainda podemos entender as coisas sem isso.

Então, uma vez que temos um algoritmo correto, podemos começar a falar sobre quão eficiente um algoritmo é. Lembre-se de que essa eficiência importa porque nos ajuda a resolver problemas mais rapidamente e a oferecer uma melhor experiência ao usuário final em uma variedade de áreas. Por exemplo, algoritmos são usados no sequenciamento de DNA, e algoritmos de sequenciamento mais eficientes nos permitem pesquisar e entender doenças de forma melhor e mais rápida, mas não vamos nos antecipar. Vamos começar de forma simples avaliando o algoritmo de busca linear de John em termos de sua eficiência.

Primeiro, o que queremos dizer com eficiência? Existem duas medidas de eficiência quando se trata de algoritmos: tempo e espaço. Parece algo muito legal e bem ficção científica, né? A eficiência medida por tempo, algo que você ouvirá ser chamado de complexidade de tempo, é uma medida de quanto tempo o algoritmo leva para ser executado. A complexidade de tempo pode ser compreendida de forma geral fora do contexto de código e computadores, porque quanto tempo leva para concluir um trabalho é uma medida universal de eficiência. Quanto menos tempo você leva, mais eficiente você é.

A segunda medida de eficiência é chamada de complexidade de espaço, e essa é bastante específica de computadores. Ela trata da quantidade de memória ocupada no computador. Bons algoritmos precisam equilibrar essas duas medidas para serem realmente úteis. Por exemplo, você pode ter um algoritmo extremamente rápido, mas isso pode não adiantar se ele consumir mais memória do que você tem disponível.

Ambos os conceitos, complexidade de tempo e complexidade de espaço, são medidos usando a mesma métrica — mas é uma métrica que soa bastante técnica, então vamos construí-la aos poucos e começar do simples. Na seção 1.1.2, eu brinquei com o John e a Britney, onde eles tentaram adivinhar o número que eu estava pensando. Basicamente, eles estavam fazendo uma busca por um valor. Então, como descobrimos qual algoritmo é mais eficiente e qual deles foi mais adequado para o nosso propósito?

Se considerarmos o número de tentativas que eles levaram para adivinhar ou buscar o valor como um indicativo do tempo que levaram para realizar o exercício, isso é um bom indicador de quanto tempo o algoritmo leva para rodar em um determinado conjunto de valores. Essa medição é chamada de tempo de execução de um algoritmo, e vamos usá-la para definir complexidade de tempo no jogo. Nós o jogamos por 4 rodadas. Vamos relembrar essas rodadas na Figura 1.1.9, focando no desempenho do John.

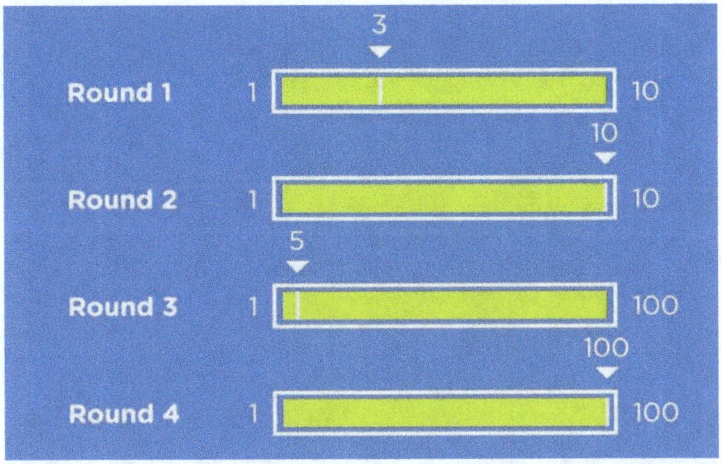

Figura 1.1.9: Gráfico mostrando o desempenho de John em 4 rodadas de um jogo jogado na seção 1.1.2

Tradução dos Rótulos da Imagem:

- Round 1 → Rodada 1
- Round 2 → Rodada 2
- Round 3 → Rodada 3
- Round 4 → Rodada 4

Na rodada 1, tínhamos 10 valores, o alvo era 3 e John levou 3 tentativas. Na rodada 2, também com 10 valores, o alvo era 10 e John levou 10 tentativas. Na rodada 3, tínhamos 100 valores, o alvo era 5 e John levou 5 tentativas. Finalmente, na rodada 4, com 100 valores e o alvo sendo 100, John levou 100 tentativas. No papel, é difícil avaliar algo sobre esse desempenho. Mas quando se trata de qualquer coisa com números, eu gosto de colocar em um gráfico e comparar visualmente no eixo vertical, ou eixo Y.

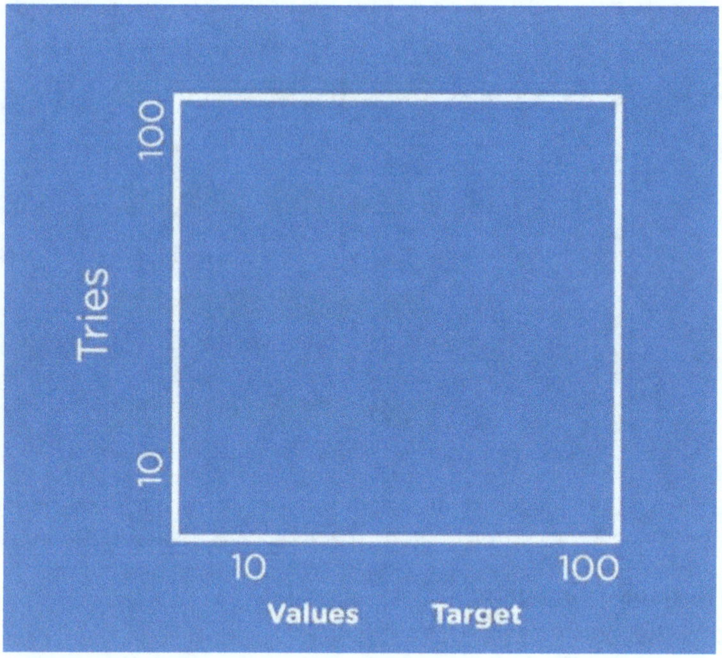

Figura 1.1.10: Um gráfico para comparar o número de tentativas de John (tempo de execução) com a quantidade de valores/valor alvo

Tradução dos Rótulos da Imagem:

- Tries → Tentativas
- Values → Valores
- Target → Alvo

Vamos medir o número de tentativas que John precisou para adivinhar a resposta, ou seja, o tempo de execução do algoritmo. No eixo horizontal, ou eixo x, o que devemos colocar para cada rodada? Temos tanto o número de valores quanto o valor-alvo. Poderíamos traçar o valor-alvo no eixo horizontal, mas isso deixaria de fora parte do contexto e significado. É muito mais impressionante que John tenha levado 5 tentativas quando a faixa ia até 100 do que quando levou 3 tentativas com um máximo de apenas 10 valores. Poderíamos traçar o alcance máximo de valores, mas então estaríamos deixando de fora a outra metade da situação. No entanto, existem pontos de dados que satisfazem ambos os requisitos.

Se traçarmos apenas os valores nos quais o alvo — o número que John estava procurando — era o mesmo que o valor máximo da faixa, teremos um ponto de dados que inclui tanto o tamanho do conjunto de dados quanto o esforço dele. Há um benefício adicional nessa abordagem também. Existem três formas de medir o desempenho de John, ou de forma geral, o desempenho de qualquer algoritmo.

Primeiro, podemos verificar como John se sai no melhor cenário, ou seja, em situações favoráveis para sua estratégia. Na faixa de 100 valores, o alvo sendo um número pequeno como 3, logo no início da faixa, representa um bom cenário. O número 1 é o melhor cenário possível. Em alternativa, podemos verificar como ele se sai em média. Podemos jogar esse jogo várias vezes e calcular a média do tempo de execução. Isso nos daria um retrato muito mais preciso do desempenho de John ao longo do tempo. Mas nossas estimativas poderiam acabar sendo altas demais se o valor procurado estivesse sempre no início da faixa, ou muito baixas se estivesse no final da faixa.

Vamos imaginar um cenário em que o Facebook implementa ingenuamente a busca linear para encontrar amigos. Eles analisaram o último censo dos EUA, viram que 50% dos nomes começam com as letras de A a J — que representam os primeiros 40% do alfabeto — e pensaram: “ok, em média, a busca linear funciona bem para nós.” Mas, e quanto ao restante das pessoas, cujos nomes começam com letras depois de J no alfabeto? Procurar um nome como Peter levaria mais tempo do que a média, e muito mais tempo para alguém cujo nome começa com a letra Z.

Figura 1.1.11: Um exemplo de implementação da busca linear no Facebook

Tradução dos Rótulos da Imagem:

- Names A - J → Nomes A - J

Então, embora medir o tempo de execução de um algoritmo com base na média possa parecer uma boa estratégia, isso não necessariamente fornecerá um retrato preciso. Ao escolher o valor máximo do intervalo, estamos medindo como nosso algoritmo se comporta no pior cenário possível. Analisar o pior caso é bastante útil porque indica que o algoritmo nunca terá um desempenho pior do que o esperado. Não há espaço para surpresas.

Figura 1.1.12: O pior cenário do nosso algoritmo

Tradução dos Rótulos da Imagem:

- Worst Case → Pior Cenário

Voltando ao nosso gráfico na Figura 1.1.10, vamos traçar o número de tentativas — uma espécie de substituto para o tempo de execução do algoritmo — em relação ao número de valores no intervalo, que vamos abreviar como *n*. Esse "n" também representa o pior cenário para o John. Quando *n* é 10, ele leva 10 tentativas. Quando *n* é 100, ele leva 100 tentativas. Mas esses dois valores sozinhos não são suficientes para realmente termos uma compreensão visual. Além disso, isso não é realista. John pode demorar bastante para percorrer 100 números, mas um computador faz isso num instante.

Para avaliar o desempenho da busca linear no contexto de um computador, provavelmente devemos adicionar alguns intervalos maiores e mais difíceis.

A vantagem de avaliar o pior cenário é que não precisamos realmente fazer esse trabalho. Já sabemos qual será o resultado. Para um dado valor de *n*, usando busca linear, serão necessárias *n* tentativas para encontrar o valor no pior cenário. Então, vamos adicionar alguns valores ali para construir o gráfico mostrado na Figura 1.1.13.

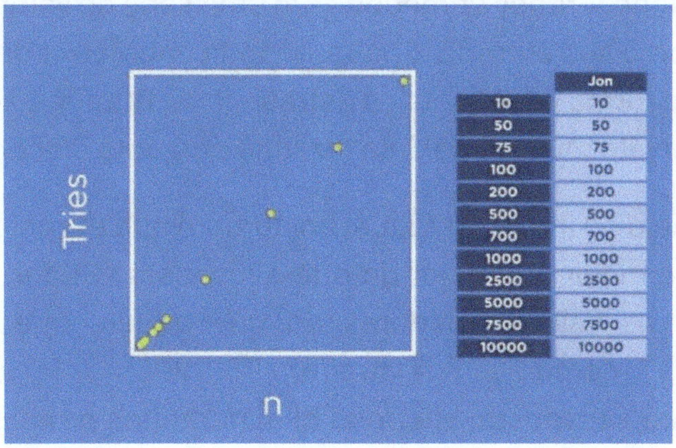

Figura 1.1.13: Gráfico de desempenho de John com intervalos maiores de valores de n adicionados

Tradução dos Rótulos da Imagem:

- Tries → Tentativas

Perfeito. Neste ponto, já conseguimos visualizar bem como o tempo de execução do algoritmo de busca linear cresce proporcionalmente ao tamanho da entrada — ou seja, quanto maior o valor de **n**, mais tempo (ou tentativas) o algoritmo leva. Isso nos mostra um padrão claro de desempenho, especialmente em cenários de pior caso.

Agora, ao mudarmos o foco para a abordagem da Britney, teremos uma excelente oportunidade de comparar estratégias. Essa comparação vai nos ajudar a entender como diferentes algoritmos lidam com o mesmo problema e a desenvolver uma intuição mais sólida sobre a complexidade de tempo.

1.1.7. Avaliando a Busca Binária

O algoritmo que John usou, a busca linear, parecia familiar para nós, e você conseguiu entendê-lo porque é como a maioria de nós procura por coisas na vida real mesmo.

A abordagem da Britney, por outro lado, obteve resultados rapidamente, mas foi um pouco mais difícil de entender, então vamos analisá-la. Assim como a abordagem de John, Britney começou com uma série de valores, ou uma lista de números, como sua entrada. Enquanto John começava do início da lista e fazia a busca de forma sequencial, a estratégia da Britney é sempre começar no meio do intervalo. A partir daí, ela faz uma pergunta de comparação.

O número no meio do intervalo é igual ao número que ela está procurando? E se não for, ele é maior ou menor do que a resposta? Se for maior, ela pode eliminar todos os valores menores do que aquele que está avaliando atualmente, como ilustrado na Figura 1.1.14.
Se for menor que a resposta, ela pode eliminar todos os valores maiores do que o que está avaliando atualmente, restringindo-se ao intervalo de valores

restantes. Ela repete esse processo até chegar à resposta.

Figura 1.1.14: Gráfico ilustrando como Britney elimina todos os valores menores do que o que ela está avaliando no momento

Tradução dos Rótulos da Imagem:

- Target 3 → Alvo 3

Vamos visualizar como ela fez isso olhando para a rodada 3. Na rodada 3, o número de valores no intervalo era 100. A resposta era 5. A barra na Figura 1.1.15 representa o intervalo de valores, com 1 à esquerda e 100 à direita, e o ponteiro representa o valor que Britney escolhe para avaliar. Então, ela começa no meio, no 50. Ela pergunta: é igual à resposta? Eu digo que é alto demais. Isso diz a ela que o valor que está avaliando é maior do que o valor-alvo, o que significa que não faz sentido procurar nenhum dos valores à direita de 50, ou seja, valores maiores que 50 nesse intervalo. Portanto, ela pode descartar esses valores completamente.

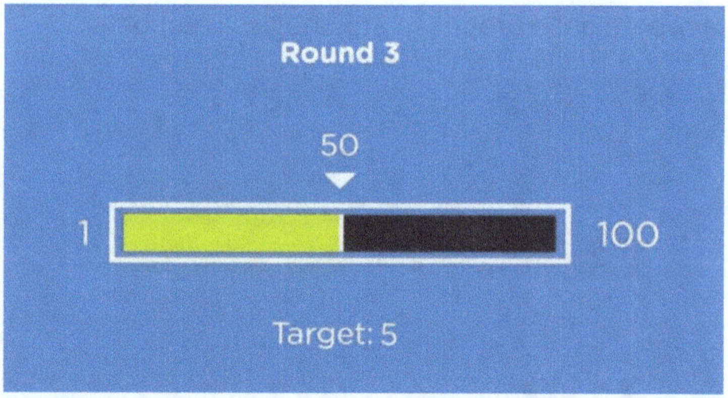

Figura 1.1.15: Gráfico ilustrando como Britney elimina todos os valores maiores que 50

Tradução dos Rótulos da Imagem:

- Round 3 → Rodada 3
- Target 5 → Alvo 5

Ela só precisa considerar os valores de 1 a 50. Agora, a beleza dessa estratégia — e o motivo pelo qual Britney conseguiu encontrar a resposta em tão poucas tentativas — é que, a cada valor que ela avalia, ela pode descartar metade do intervalo atual. Na segunda tentativa, ela escolhe o valor no meio do intervalo atual, que é 25. Ela faz a mesma pergunta. Eu digo que o valor ainda é muito alto, e isso indica que ela pode descartar tudo que for maior que 25, reduzindo o intervalo de valores de 1 a 25.

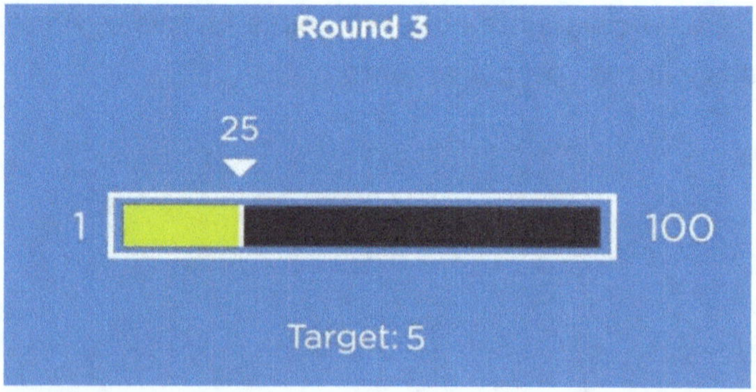

Figure 1.1.16: Chart illustrating how Britney eliminates all the values greater than 25

Tradução dos Rótulos da Imagem:

- Round 3 → Rodada 3
- Target 5 → Alvo 5

Novamente, ela avalia aproximadamente o número do meio, que seria 13 na Figura 1.1.16. Eu digo que ainda é muito alto. Ela descarta os valores maiores, passa para o valor 7, que ainda é muito alto. Depois ela vai para o 4, que agora é muito baixo. Ela pode então descartar tudo que for menor que 4, o que deixa os números de 4 a 7. Em seguida, ela escolhe 6, que era muito alto. Isso deixa apenas um valor: 5.

Pode parecer muito trabalho, mas conseguir eliminar metade dos valores a cada tentativa é o que torna esse algoritmo muito mais eficiente. Agora, existe uma sutileza no uso da busca binária, e talvez você já tenha percebido isso. Para que esse método de busca funcione, como mencionamos, os valores precisam estar ordenados.

Com a busca linear, não importa se os valores estão ordenados, já que o algoritmo apenas percorre a lista sequencialmente, verificando cada elemento. Se o valor alvo estiver na lista, ele será encontrado. Mas digamos que esse intervalo de valores de 1 a 100 não estivesse ordenado. Britney começaria no meio com algo como 14 e perguntaria se esse valor era muito baixo ou muito alto. Eu digo que é muito alto, então ela descarta tudo que for menor que 14.

Agora, esse exemplo começa a se desfazer aqui, porque embora Britney saiba quais números são menores que 14 e maiores que 1, ela não precisa de um intervalo real de valores para resolver isso. Um computador, no entanto, precisa. Lembre-se: algoritmos de busca são executados em listas que contêm todos os tipos de dados. Nem sempre se trata apenas de um intervalo de números.

Em um caso real de uso da busca binária — que vamos implementar em breve — o algoritmo não retorna o valor alvo (5), porque já sabemos qual é. Trata-se de um algoritmo de *busca*, então fornecemos algo para ele encontrar. O que ele retorna, na verdade, é a *posição* do valor alvo na lista.

Sem a lista estar ordenada, um algoritmo de busca binária descartaria todos os valores à esquerda de 14, o que poderia incluir a posição onde está nosso valor alvo. Eventualmente, receberíamos um resultado dizendo que o valor alvo não existe na lista — o que seria incorreto.

Anteriormente, ao definir a busca linear simples, eu disse que a entrada era uma lista de valores e a saída era o valor alvo, ou mais especificamente, a posição do valor alvo na lista.

Portanto, com a busca binária, também existe essa pré-condição: a lista de entrada deve estar ordenada. Então, vamos definir formalmente a busca binária.

A entrada é uma lista ordenada de valores.

A saída é a posição na lista do valor-alvo que estamos procurando — ou algum tipo de valor que indique que o alvo não existe na lista.

Lembra das nossas diretrizes para definir um algoritmo? Dê uma olhadinha rápida de novo na Figura 1.1.8. Vamos usá-las para definir este algoritmo:

Passo 1: Determinamos a posição central da lista ordenada.

Passo 2: Comparamos o elemento nessa posição central com o elemento alvo.

Passo 3: Se os elementos forem iguais, retornamos a posição central e encerramos. Se não forem, seguimos para o passo 4.

Passo 4: Verificamos se o elemento na posição central é menor que o valor-alvo. Se for, voltamos ao passo 2 com uma nova lista que vai da posição central até o final da lista atual.

Passo 5: Se o elemento na posição central for maior que o valor-alvo, então voltamos ao passo 2 com uma nova lista que vai do início da lista atual até a posição central.

Repetimos esse processo até que o elemento-alvo seja encontrado ou até que reste apenas um elemento na sublista. Se esse único elemento não corresponder ao valor-alvo, encerramos o algoritmo informando que o valor não está presente na lista.

Essa é a mágica por trás de como a Britney conseguiu resolver aquela rodada tão rápido!

Na próxima seção, vamos falar sobre a eficiência da busca binária.

1.1.8. Exercício de Prática 2

Q1. Qual das opções a seguir define melhor a entrada para a busca binária? Escolha a resposta correta abaixo:

A. Uma série sequencial ordenada de dados arbitrários
B. Uma série sequencial de dados arbitrários

Q2. Um algoritmo é considerado correto se, em todas as execuções do algoritmo, contra todos os possíveis valores nos dados de entrada, sempre obtemos a saída esperada. Escolha a resposta correta abaixo.

A. Falso
B. Verdadeiro

Q3. Escolha a resposta correta abaixo. Complexidade de tempo pode ser descrita como:

A. A eficiência de um algoritmo medida pela quantidade de tempo que ele leva em relação ao tamanho do conjunto de dados.

B. A eficiência de um algoritmo medida pela quantidade de memória que consome em relação ao tamanho do conjunto de dados.

1.1.9. Respostas do Exercício de Prática 2

1. A

2. B

3. A

1.2. Complexidade de Tempo

Nas últimas aulas, vimos dois dos meus colegas jogarem um jogo com estratégias diferentes e resultados finais distintos. Essas estratégias foram exemplos de algoritmos do mundo real, mas ainda não temos uma boa compreensão de qual foi melhor. Nesta seção, vamos analisar a complexidade de tempo e como medir a eficiência de algoritmos.

1.2.1. Eficiência de um Algoritmo

Temos uma ideia vaga de que a abordagem da Britney é melhor na maioria dos casos, mas assim como fizemos com a busca linear, é útil visualizar isso. Da mesma forma que fizemos com a busca linear, ao determinar a eficiência de um algoritmo (lembre-se, ainda estamos olhando apenas para a eficiência em termos de tempo — chamada de complexidade de tempo), sempre queremos avaliar como o algoritmo se comporta no pior cenário possível.

Agora, você pode estar pensando: "Bem, isso não parece justo, porque, dada uma série de dados, se o valor que estamos procurando estiver perto do início da lista, então a busca linear pode ter um desempenho tão bom quanto — ou até ligeiramente melhor — do que a busca binária." E isso é totalmente verdade.
Lembre-se: uma parte crucial de aprender algoritmos é entender o que funciona melhor em um determinado contexto.

Mas, ao medir eficiência, sempre usamos os *piores casos* como referência. Isso porque, ao fazer isso, garantimos que o algoritmo **nunca terá um desempenho pior do que esse cenário**. Isso elimina surpresas.

Vamos traçar esses valores no gráfico que começamos anteriormente. Com o número de tentativas — ou o tempo de execução do algoritmo — no eixo Y, e o número máximo de valores na série, ou n, no eixo horizontal, para representar o *pior caso*, temos dois pontos de dados: Quando n = 10, Britney precisou de 4 tentativas usando busca binária, e quando n = 100, foram necessárias 7 tentativas.

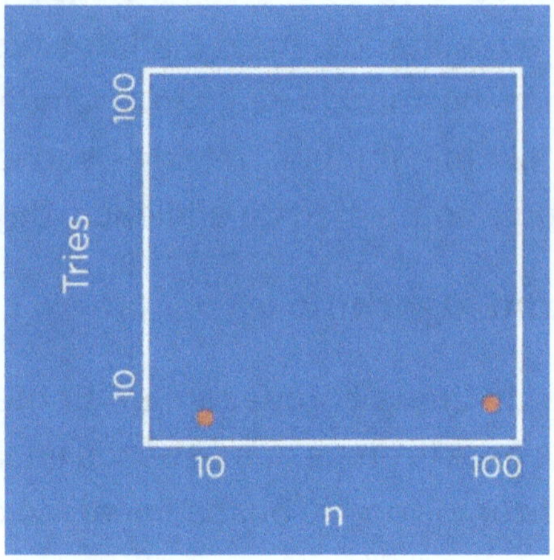

Figura 1.2.1: Gráfico representando o número de tentativas e valores de n de 10 a 100 para uma busca binária

Tradução dos Rótulos da Imagem:

- Tries → Tentativas

Mas mesmo lado a lado, esses pontos de dados são meio que sem sentido. Lembre-se de que, embora haja uma diferença considerável entre o tempo de execução da busca linear e da busca binária com um valor de n igual a 100, para um computador isso não deveria fazer tanta diferença. O que deveríamos observar é como o algoritmo se comporta em níveis de n que realmente possam desacelerar um computador. À medida que n cresce cada vez mais, como esses algoritmos se comparam?

Vamos adicionar isso ao gráfico. Agora começa a surgir um panorama. À medida que n fica realmente grande, o desempenho desses dois algoritmos difere significativamente. A diferença é, na verdade, bastante impressionante. Mesmo com o jogo simples, vimos que a busca binária era melhor, mas agora temos uma ideia muito mais completa de *quanto* melhor ela é.

Por exemplo, quando n é 1000, o tempo de execução da busca linear, medido pelo número de operações ou tentativas, também é 1000.

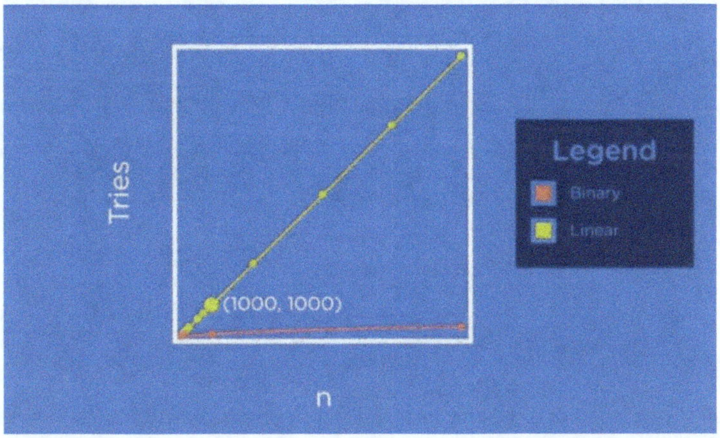

Figura 1.2.2: Gráfico destacando o desempenho da busca linear para 1000 tentativas e 10000 valores de n

Tradução dos Rótulos da Imagem:

- Tries → Tentativas
- Legend → Legenda
- Binary → Binária
- Linear → Linear

Para a busca binária, são necessárias apenas 10 operações. Agora, vamos ver o que acontece quando aumentamos n por um fator de 10. Veja a Figura 1.2.3.

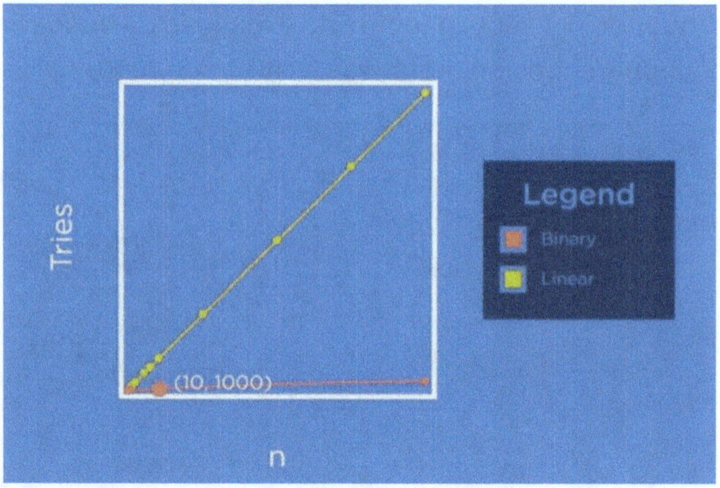

Figura 1.2.3: Gráfico destacando o desempenho da busca binária para 1000 tentativas e 10000 valores de n

Tradução dos Rótulos da Imagem:

- Tries → Tentativas
- Legend → Legenda
- Binary → Binária
- Linear → Linear

Em 10.000, a busca linear realiza 10.000 operações, enquanto a busca binária realiza 14 operações.

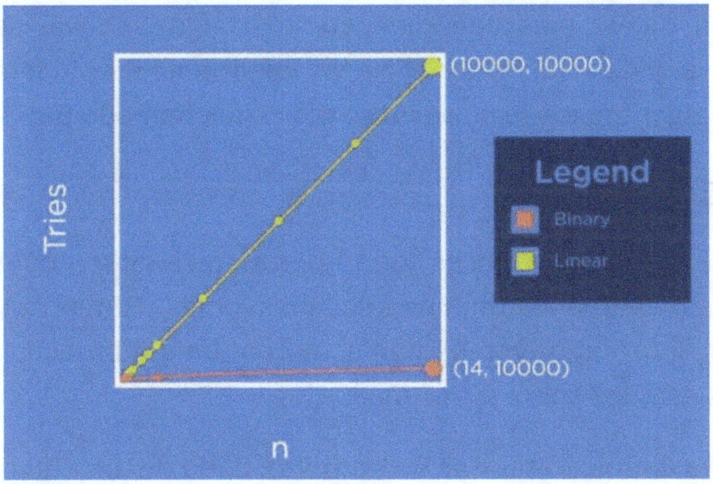

Figura 1.2.4: Gráfico comparando as buscas linear e binária para 10.000 tentativas e 10.000 valores de n

Tradução dos Rótulos da Imagem:

- Tries → Tentativas
- Legend → Legenda
- Binary → Binária
- Linear → Linear

Como você pode ver na Figura 1.2.4, com um aumento de 10 vezes no valor de entrada, a busca binária precisou de apenas 4 operações a mais para encontrar um valor. Se aumentarmos novamente por um fator de 10, chegando a um valor final de 100.000, a busca binária realiza apenas 17 operações — é extremamente rápida!

O que fizemos aqui foi traçar em um gráfico como o algoritmo se comporta à medida que o conjunto de entrada aumenta. Em outras palavras, traçamos a taxa de crescimento do algoritmo, também conhecida como ordem de crescimento.

Diferentes algoritmos crescem em ritmos diferentes, e ao avaliarmos essas taxas de crescimento, conseguimos ter uma noção muito melhor do desempenho deles, pois sabemos como o algoritmo vai se comportar conforme o valor de **n** aumenta. Isso é tão importante que se tornou o padrão para avaliar algoritmos — e nos leva ao conceito chamado **Big O**.

1.2.2. O Big O

ocê talvez já tenha ouvido esse termo por aí, e se achou confuso, não se preocupe. Já construímos uma definição disso nas últimas aulas. Agora só precisamos juntar tudo. Vamos começar com uma afirmação comum que aparece nos estudos sobre algoritmos:

Big O é uma definição teórica da complexidade de um algoritmo como uma função do tamanho da entrada.

Uau, que frase complicada! Parece intimidadora, mas na verdade não é. Vamos destrinchar.

Big O é uma notação usada para descrever a complexidade. O que quero dizer com *notação* é que ela simplifica tudo o que discutimos até agora em uma única variável. Um exemplo de complexidade escrita em termos de Big O fica mais ou menos assim: **O(n)**

Mais adiante, vamos ver o que esse **n** significa exatamente e como interpretamos essa notação em diferentes contextos.

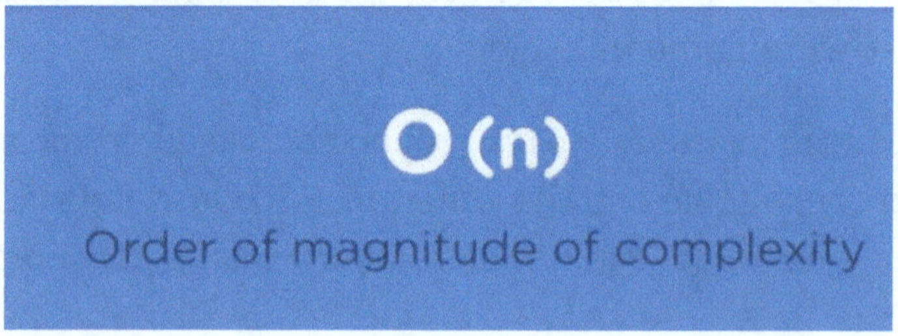

Figura 1.2.5: O Big O: Ordem de magnitude da complexidade de um algoritmo

Tradução dos Rótulos da Imagem:

- Order of magnitude of complexity → Ordem de grandeza da complexidade

Como você pode ver, começa com uma letra O maiúscula. É por isso que chamamos de Big O. É literalmente um "O grande". O "O" vem de *ordem de grandeza da complexidade* (*order of magnitude of complexity*), então é daí que vem o nome Big O.

Agora, complexidade aqui se refere ao exercício que temos feito ao medir a eficiência. Se leva 4 tentativas para Britney quando **n** é 10, quanto tempo leva o algoritmo quando **n** é 10 milhões? Quando usamos o Big O para isso, a variável utilizada — que veremos em breve — resume essa informação de forma que, ao ler a variável, você já obtém uma visão geral sem precisar passar por todos os pontos de dados e gráficos, como fizemos até agora.

É importante lembrar que a complexidade é relativa. Quando avaliamos a complexidade do algoritmo de busca binária, estamos fazendo isso em relação a outros algoritmos de busca, e não a todos os algoritmos existentes. O Big O é uma notação útil para entender tanto a complexidade de tempo quanto de espaço, mas somente quando estamos comparando algoritmos que resolvem o mesmo problema.

A última parte da definição — "(n) é uma função do tamanho" — significa apenas que o Big O mede a complexidade à medida que o tamanho da entrada cresce, pois o que importa não é como um algoritmo se comporta com um único conjunto de dados, mas como ele se comporta em todos os possíveis tamanhos de entrada.

Você também verá o Big O sendo chamado de limite superior (upper bound) do algoritmo. Isso significa que o Big O mede como o algoritmo se comporta no pior cenário possível. E é só isso que o Big O é — nada de especial! É apenas uma notação que condensa todos os pontos de dados e gráficos que construímos até agora em uma única variável.

Como essas variáveis se parecem?

Para a estratégia de John, a **busca linear**, dizemos que ela tem uma complexidade de tempo de **O(n)** — ou seja, Big O de “n”. Para a estratégia de Britney, a **busca binária**, dizemos que ela tem uma complexidade de tempo de **O(log n)** — ou seja, Big O log de “n”.

Isso é o Big O com algo chamado de “log” e um “n” dentro dos parênteses. Agora, não se preocupe se você não entendeu o que é esse "log" por enquanto — a gente vai entrar em mais detalhes sobre isso mais adiante no curso.

Cada um desses valores tem um significado especial, mas ajuda bastante passar por todos eles para ter uma visão geral completa. Então, nas próximas aulas, vamos explorar o que chamamos de complexidades comuns — ou seja, os valores mais frequentes do Big O que você vai encontrar e que deve internalizar.

Eles são a base para entender o desempenho dos algoritmos, especialmente à medida que os conjuntos de dados crescem. Vamos nessa!

1.2.3. Tempo Constante e Logarítmico

Nas nossas discussões sobre complexidade, fizemos uma suposição: de que o algoritmo, como um todo, tinha uma única medida de complexidade. Isso não é verdade. Vamos ver como chegamos a essas medidas para o algoritmo completo mais adiante nesta seção.

Na prática, cada etapa de um algoritmo possui sua própria complexidade de tempo e espaço.

Por exemplo, na busca linear, temos múltiplas etapas com suas respectivas complexidades. O algoritmo funciona assim:

- Comece no início da lista ou da faixa de valores.
- Compare o valor atual com o valor-alvo.
- Se o valor atual for o valor-alvo que estamos procurando, terminamos.
- Se não for, seguimos sequencialmente para o próximo valor da lista e repetimos o passo dois.
- Se chegarmos ao fim da lista, significa que o valor-alvo não está presente na lista.

Agora, com esse entendimento, podemos analisar quais etapas têm tempo constante (O(1)) e quais dependem do tamanho da lista (O(n), O(log n), etc.), o que nos levará à noção mais refinada de tempo logarítmico. Vamos explorar isso nos próximos tópicos.

Vamos voltar ao passo dois por um momento: Comparar o valor atual com o alvo. A tamanho da base de dados importa para essa etapa? Não. Quando chegamos ao passo dois, já estamos naquela posição específica da lista, e tudo o que fazemos é ler o valor e compará-lo com o alvo.

Ler um valor é uma operação única, e portanto leva sempre o mesmo tempo, independentemente do tamanho da lista. Se fôssemos plotar isso em um gráfico de tempo de execução por operação versus n (tamanho da entrada), veríamos uma linha reta horizontal, como na Figura 1.2.6.

Essa linha representa um tempo constante, ou seja, um tempo de execução que não cresce com o aumento de n. Esse tipo de operação tem uma complexidade de tempo constante, ou seja, O(1).

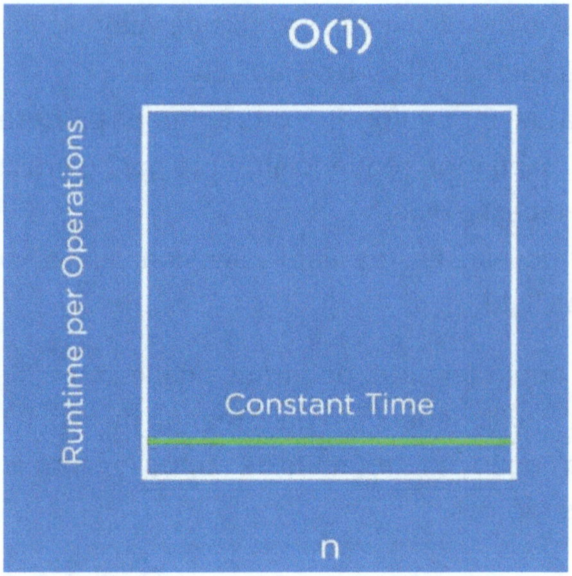

Figura 1.2.6: O gráfico do tempo de execução por operações em relação a n

Tradução dos Rótulos da Imagem:

- Runtime per Operations → Tempo de execução por operação

Como isso leva a mesma quantidade de tempo em qualquer caso, dizemos que o tempo de execução é constante. Ele não muda na notação Big O, então representamos isso como Big O com um 1 dentro dos parênteses: O(1).

Quando comecei a aprender tudo isso, eu ficava realmente confuso sobre como ler essa notação. Mesmo que fosse apenas na minha cabeça, eu me perguntava: “Devo dizer Big O de 1?” Quando você vir isso escrito, deve ler como “tempo constante”, então ler um valor em uma lista é uma operação de tempo constante.

Esse é o caso mais ideal quando falamos de tempo de execução, porque o tamanho da entrada não importa. Também sabemos que, independentemente do valor de n, o tempo de execução do algoritmo permanecerá o mesmo. O próximo nível de complexidade, por assim dizer, é a situação que encontramos com o algoritmo de busca binária. Tradicionalmente, explicar a complexidade de tempo da busca binária envolve matemática, e vou tentar fazer isso com e sem o uso dela.

Quando jogamos o jogo usando busca binária, percebemos que a cada rodada conseguimos descartar metade dos dados. Mas há outro padrão que surge e que ainda não exploramos. Vamos dizer que n é igual a 10. Quanto tempo leva para encontrar um item na décima posição da lista? Podemos escrever isso como mostrado na Figura 1.2.7.

Começamos em 10, depois vamos para 5, depois para 8, depois 9, e finalmente chegamos ao 10. Aqui, levamos 4 tentativas para reduzir a lista a apenas um elemento e encontrar o valor que estamos procurando.

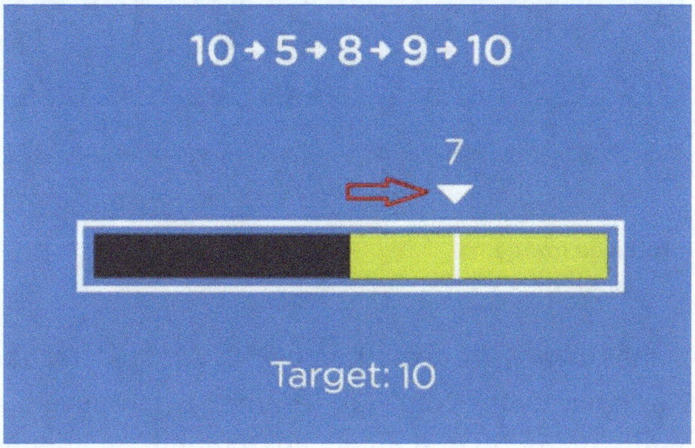

Figura 1.2.7: Descobrindo quanto tempo leva para encontrar um item na 10ª posição da lista usando busca binária

Tradução dos Rótulos da Imagem:

- Target: 10 → Alvo: 10

Vamos dobrar o valor de n para 20 e ver quanto tempo levamos para encontrar um item na vigésima posição.

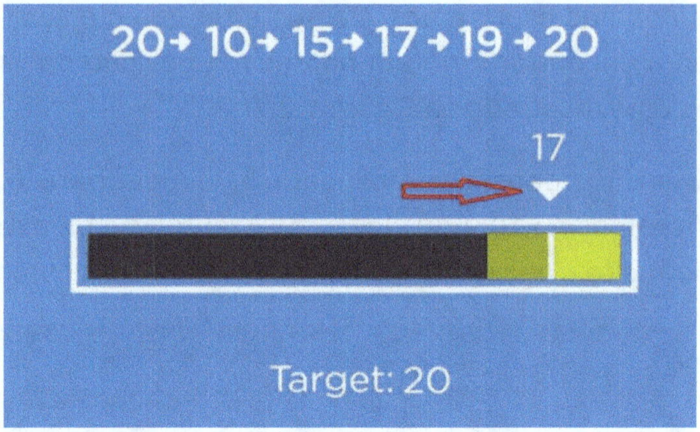

Figura 1.2.8: Descobrindo quanto tempo leva para encontrar um item na 20ª posição da lista usando busca binária

Tradução dos Rótulos da Imagem:

- Target: 20 → Alvo: 20

Então, começamos com 20 e escolhemos 10. A partir daí vamos para 15, depois 17, 19 e, finalmente, 20. Aqui, levamos 5 tentativas. Agora, vamos dobrar novamente, de modo que n seja 40, e tentamos encontrar o item na 40ª posição. Tente você mesmo. Quando começamos com 40, o primeiro ponto médio que escolhemos é 20. A partir daí vamos para 30, depois 35, 37, 39 e então 40. São necessárias 6 tentativas.

Perceba que toda vez que dobramos o valor de n, o número de operações necessárias para reduzir a lista a um único elemento aumenta apenas em 1. Existe uma relação matemática com esse padrão, e ela se chama logaritmo de n. Você não precisa realmente entender o que logaritmos são, mas se você gosta de explicações mais profundas, vou te dar uma rápida. Se você já teve aulas de álgebra, talvez tenha aprendido sobre potências. Aqui vai uma rápida revisão.

2 x 1 = 2. Agora, isso pode ser escrito como $2^1 = 2$ (dois elevado à primeira potência), porque é o nosso caso base.

Agora, 2 x 2 = 4. Isso pode ser escrito como $2^2 = 4$ (dois elevado à segunda potência), porque estamos multiplicando o 2 duas vezes. Primeiro, multiplicamos 2 por 1. Depois, multiplicamos o resultado por 2.

Agora, 2 x 2 x 2 = 8, e podemos escrever isso como $2^3 = 8$ (dois elevado à terceira potência), porque estamos multiplicando o 2 três vezes. Em 2^2 e 2^3, o 2 e o 3 são chamados de expoentes, e eles definem como o número cresce.

Com 2^3, começamos com o valor base (2) e o multiplicamos por ele mesmo três vezes. O inverso de um expoente é chamado de logaritmo. Então, se eu digo $\log_2 8 = 3$, estou basicamente dizendo o oposto de um expoente. Em vez de perguntar quantas vezes tenho que multiplicar esse valor, estou perguntando quantas vezes preciso dividir 8 por 2 para chegar ao valor 1. Isso dá 3 operações.

E quanto ao resultado de log na base 2 de 16? Isso resulta em quatro. Ou seja, $\log_2 16 = 4$.

Por que isso importa? Perceba que isso é basicamente como a busca binária funciona. Log na base 2 de 16 é 4. Se n fosse 16, quantas tentativas levaria para chegar ao último elemento? Bem, isso seriam 5 tentativas, ou ($\log_2 16 + 1$).

Em geral, para um determinado valor de n, o número de tentativas no pior cenário é $\log_2 n + 1$. Como esse padrão é, no geral, um padrão logarítmico, dizemos que o tempo de execução de algoritmos desse tipo é logarítmico. Se traçarmos esses pontos no nosso gráfico, um tempo de execução logarítmico se parece com a Figura 1.2.9.

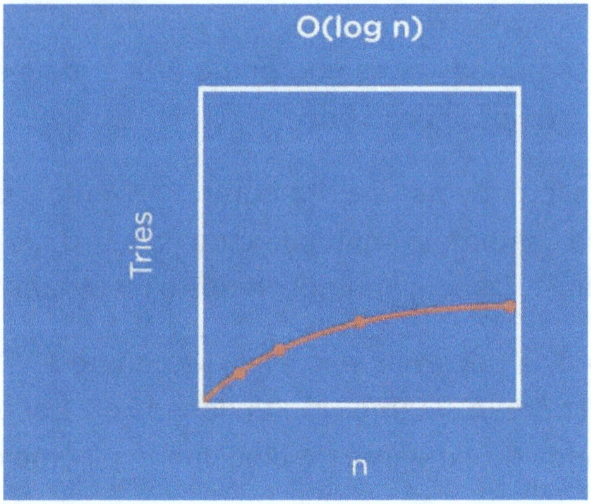

Figura 1.2.9: Gráfico de um tempo de execução logarítmico

Tradução dos Rótulos da Imagem:

- Tries → Tentativas

Em notação Big O, representamos um tempo de execução logarítmico como O(log n), que é escrito como um "O" grande com log n dentro de parênteses, ou até mesmo como **O(ln n)**. Quando você vir isso, leia como tempo logarítmico. Como você pode ver no gráfico, à medida que n cresce bastante, o número de operações cresce muito lentamente e eventualmente se estabiliza. Como essa linha está abaixo da linha de tempo de execução linear, que você pode ver na Figura 1.2.10, você pode frequentemente ouvir algoritmos com tempo de execução logarítmico sendo chamados de sublineares.

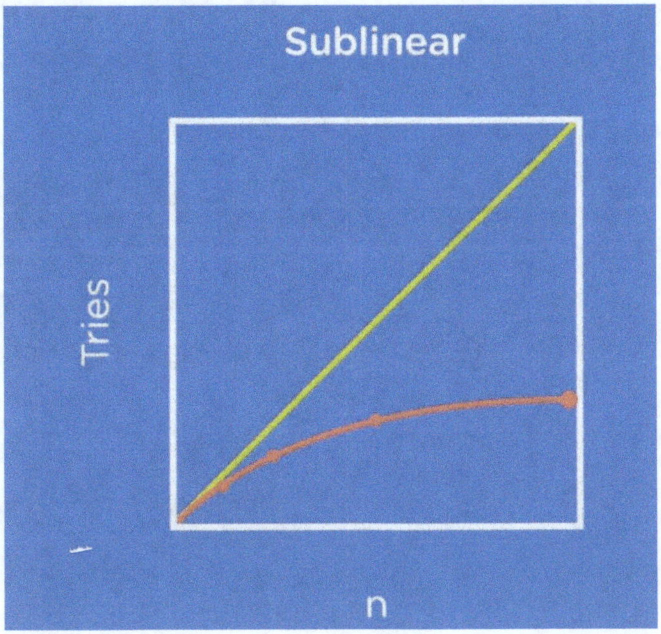

Figura 1.2.10: Tempos de execução Linear (amarelo) e Sublinear/Logarítmico (laranja)

Tradução dos Rótulos da Imagem:

Tries → Tentativas

Runtimes logarítmicos ou sublineares são preferidos aos lineares porque são mais eficientes. Mas, na prática, a busca linear tem suas próprias vantagens, que veremos na próxima seção.

Vamos analisar a situação que encontramos com o algoritmo de busca linear. Vimos que, no pior cenário, qualquer que fosse o valor de n, John levou exatamente esse número de tentativas para encontrar a resposta. Como na busca linear, quando o número de operações para determinar o resultado no pior caso é, no máximo, igual a n, dizemos que o algoritmo roda em tempo linear. Representamos isso como O(n). Você pode ler como "Big O de n", ou pode dizer "tempo linear", que é mais comum. Quando colocamos isso em um gráfico ao lado de tempo constante e tempo logarítmico, obtemos uma linha que se parece com a Figura 1.2.11.

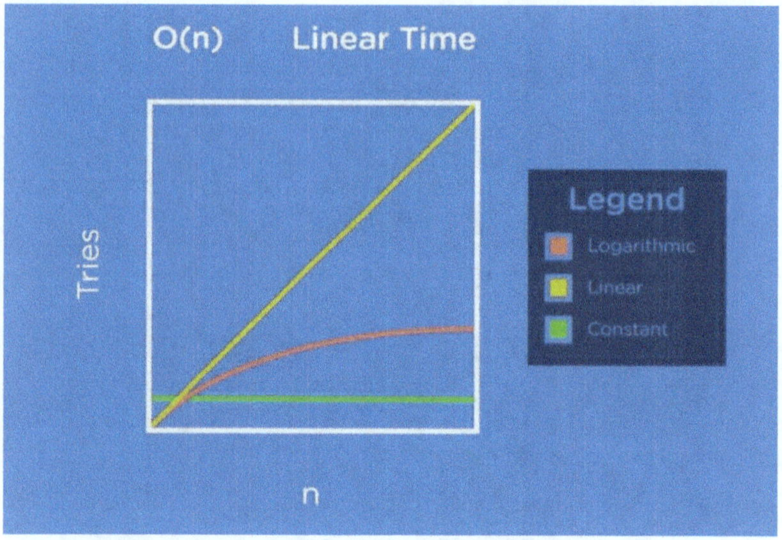

Figura 1.2.11: Gráfico dos tempos de execução Linear (amarelo), Sublinear/Logarítmico (laranja) e Constante

Tradução dos Rótulos da Imagem:

- Linear Time → Tempo Linear
- Tries → Tentativas
- Legend → Legenda
- Logarithmic → Logarítmico
- Linear → Linear
- Constant → Constante

Qualquer algoritmo que leia sequencialmente a entrada terá tempo linear. Então, lembre-se: sempre que você souber que um problema envolve ler todos os itens de uma lista, isso significa um tempo de execução linear. Como você viu no jogo que jogamos, a estratégia da Britney usando busca binária foi claramente melhor — e podemos ver isso no gráfico. Então, se tivermos essa opção, por que usaríamos a busca linear, que roda em tempo linear?

Lembre-se de que a busca binária tinha uma pré-condição: o conjunto de entrada precisava estar ordenado. Embora não estudemos algoritmos de ordenação neste curso, conforme você aprender mais sobre algoritmos, verá que os algoritmos de ordenação também têm diferentes complexidades, assim como os de busca. Portanto, precisamos realizar um trabalho adicional antes de usar a busca binária. Por esse motivo, na prática, a busca linear acaba sendo mais eficiente até certo valor de n, porque a combinação entre ordenar primeiro e depois buscar com busca binária pode pesar no desempenho total.

1.2.4. Tempo Linear e Quadrático

A próxima complexidade comum que você ouvirá falar é quando um algoritmo roda em tempo quadrático. Se a palavra *quadrático* soa familiar para você, é porque provavelmente já ouviu falar dela na aula de matemática. Quadrático é uma palavra que significa uma operação elevada ao quadrado (como x^2), ou seja, quando algo é multiplicado por si mesmo. Vamos supor que você e seus amigos estão jogando um jogo de defesa de torre, e para começar, vocês vão desenhar um mapa do terreno. Esse mapa será uma grade (*grid*) e vocês escolhem um número aleatório para determinar o tamanho dessa grade. Vamos definir *n*, o tamanho da grade, como 4.

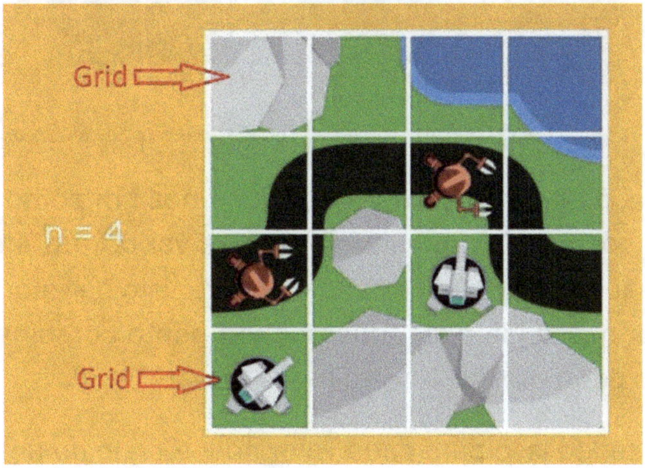

Figura 1.2.12: Mapa de um terreno com 4 grades em um jogo de defesa de torre

Tradução dos Rótulos da Imagem:

- Grid → Grade

Em seguida, você precisa criar uma lista de coordenadas para poder posicionar torres, inimigos e outras coisas nesse mapa. Como faríamos isso? Se começarmos pela parte inferior e nos movermos horizontalmente, teríamos os pontos de coordenadas: (1, 1), (1, 2), (1, 3) e (1, 4). Depois, subimos um nível verticalmente e temos os pontos (2, 1), (2, 2), (2, 3) e (2, 4). Subimos mais uma vez e temos os pontos (3, 1), (3, 2), (3, 3) e (3, 4). Na última linha (superior), temos os pontos (4, 1), (4, 2), (4, 3) e (4, 4). Perceba que temos um padrão, como você pode ver na Figura 1.2.13.

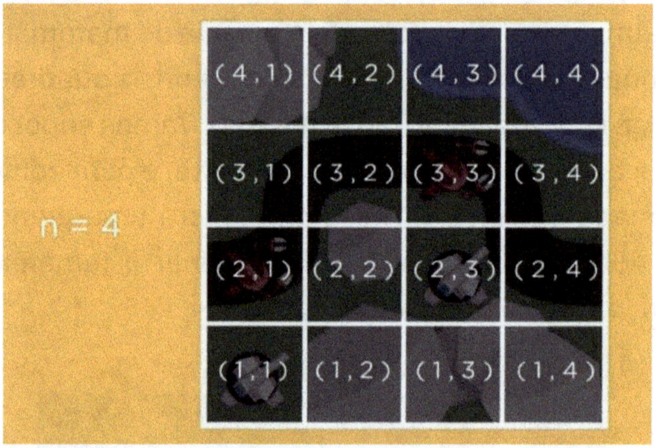

Figura 1.2.13: Mapa do terreno com 4 grades e coordenadas

Para cada linha, pegamos o valor e então criamos um ponto somando a ele cada valor da coluna. O intervalo de valores vai de um até o valor de n. Podemos pensar da seguinte forma: para o intervalo de valores de um até n, para cada valor nesse intervalo, criamos um ponto combinando esse valor com o intervalo de valores de um até n.

Novamente, fazendo isso para cada valor no intervalo de um até n, criamos um total de n valores e acabamos com 16 pontos, que é também n vezes n, ou n^2. Este é um algoritmo com tempo de execução quadrático, porque para qualquer valor de n, realizamos n^2 operações.

Aqui escolhi um exemplo relativamente simples, por assim dizer, porque em inglês, pelo menos, muitas vezes denotamos tamanhos de mapas por altura vezes largura (h x w), então chamaríamos isso de uma grade de 4 por 4, que é apenas outra forma de dizer 4^2 ou n^2. Veja a Figura 1.2.14.

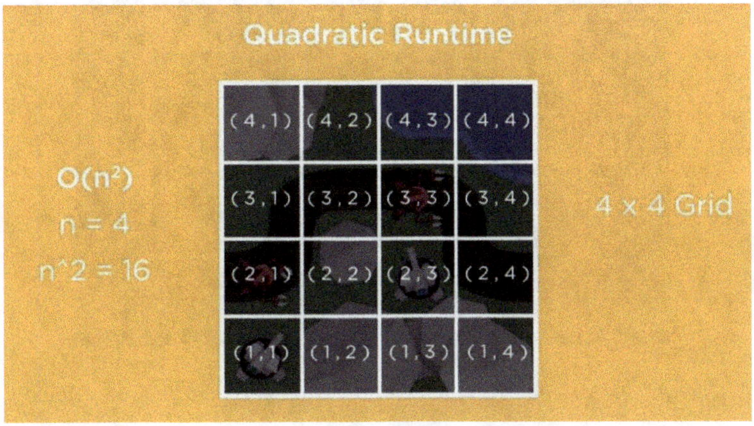

Figura 1.2.14: Este mapa ilustra um algoritmo com tempo quadrático

Tradução dos Rótulos da Imagem:

- Quadratic Runtime → Tempo de Execução Quadrático
- Grid → Grade

Em notação Big O, escreveríamos isso como $O(n^2)$ ou diríamos que este é um algoritmo com tempo de execução quadrático. Muitos algoritmos de busca têm, no pior caso, um tempo de execução quadrático, como você verá em breve.

1.2.5. Tempo de Execução Cúbico

Além dos tempos de execução quadráticos, você também pode encontrar tempos de execução cúbicos ao estudar diferentes algoritmos. Em um algoritmo desse tipo, para um determinado valor de n, o algoritmo executa n^3

operações. Tempos de execução cúbicos não são tão comuns quanto algoritmos quadráticos, por isso não veremos exemplos aqui. Mas acho que vale a pena mencionar. Representados no nosso gráfico, os tempos de execução quadráticos e cúbicos se parecem com a Figura 1.2.15.

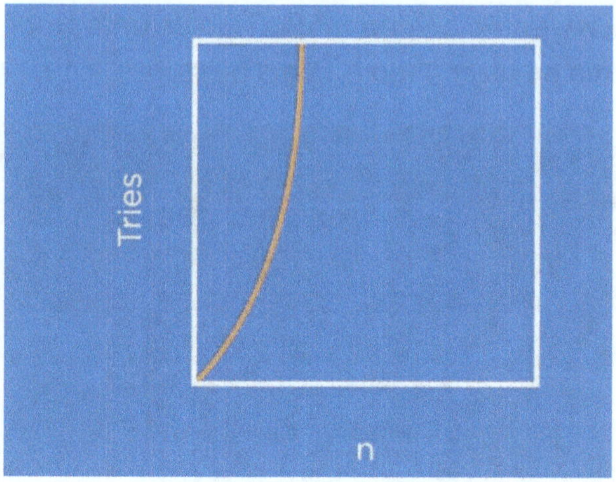

Figura 1.2.15: Gráfico dos tempos de execução quadrático e cúbico

Tradução dos Rótulos da Imagem:

- Tries → Tentativas

Isso está começando a parecer bastante custoso em termos computacionais, como costumam dizer. Podemos ver aqui que, para pequenas mudanças em n, há uma mudança bastante significativa na quantidade de operações que precisamos executar.

1.2.6. Tempo de Execução Quasilinear

O próximo tempo de execução no pior caso que vamos analisar é o que chamamos de **quasilinear**. É relativamente fácil de entender. Vou começar com a notação Big O.

Tempos de execução quasilineares são representados como **O(n log n)**.

Lembra do que aprendemos sobre log n, certo? Um tempo de execução logarítmico, em que, à medida que **n** cresce, o número de operações aumenta apenas por um pequeno fator.

Com um tempo de execução quasilinear, estamos dizendo que para cada valor de **n**, vamos executar um número de operações **log n**, daí o tempo de execução ser **n vezes log n**.

Além disso, você viu anteriormente que, com o tempo de execução quadrático, para cada valor de **n**, realizamos **n** operações. É mais ou menos o mesmo aqui: à medida que percorremos a faixa de valores de n, estamos executando log n operações.

Em comparação com outros tempos de execução, um algoritmo quasilinear tem um desempenho que fica entre um tempo linear e um tempo quadrático. Veja a Figura 1.2.16.

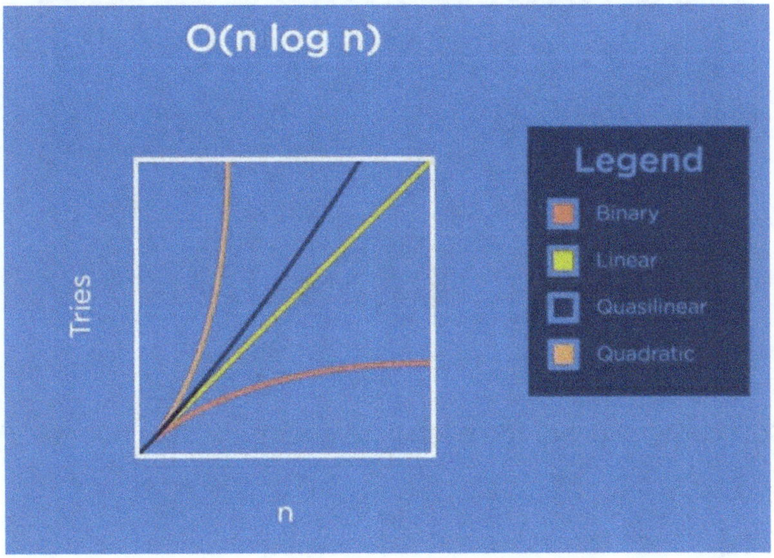

Figura 1.2.16: Comparação gráfica dos tempos de execução binário, linear, quasilinear e quadrático

Tradução dos Rótulos da Imagem:

- Tries → Tentativas
- Legend → Legenda
- Binary → Binária
- Linear → Linear
- Quasilinear → Quasilinear
- Quadratic → Quadrático

Onde esperaríamos ver um tempo de execução quase linear na prática? Bem, algoritmos de ordenação são um lugar onde você definitivamente verá isso. O Merge Sort, por exemplo, é um algoritmo de ordenação que tem um pior caso de tempo de execução de O(n log n). Vamos dar uma olhada em um exemplo rápido. Suponha que comecemos com uma lista de números que se parece com a Figura 1.2.17 e precisamos ordená-la.

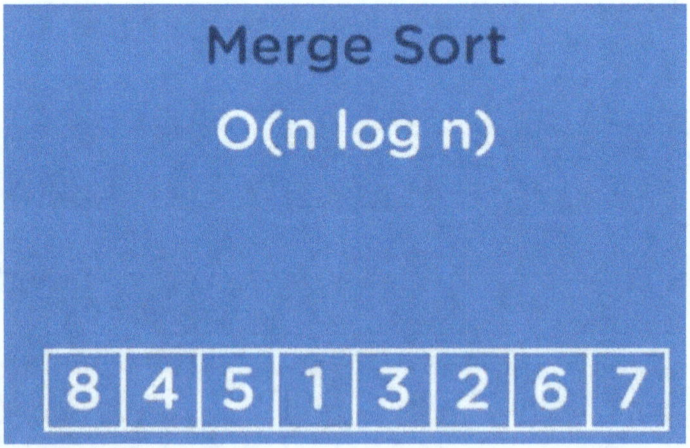

Figura 1.2.17: Uma lista de oito números a ser ordenada usando o algoritmo Merge Sort

O Merge Sort começa dividindo essa lista em duas listas ao meio. Veja a Figura 1.2.18.

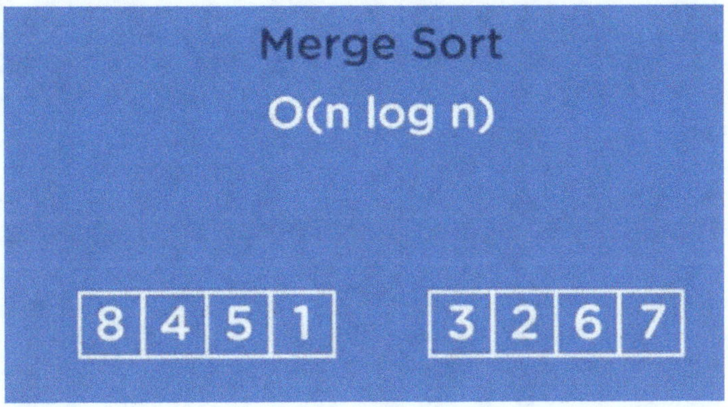

Figura 1.2.18: Merge Sort divide a lista ao meio em duas sublistas

Em seguida, ele pega cada sublista e a divide ao meio.

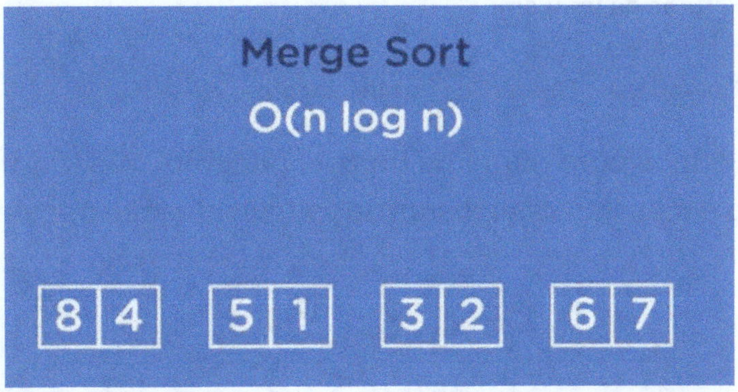

Figura 1.2.19: Merge Sort divide novamente cada sublista ao meio

Novamente, ele continua fazendo isso até que acabemos com uma lista de apenas números únicos.

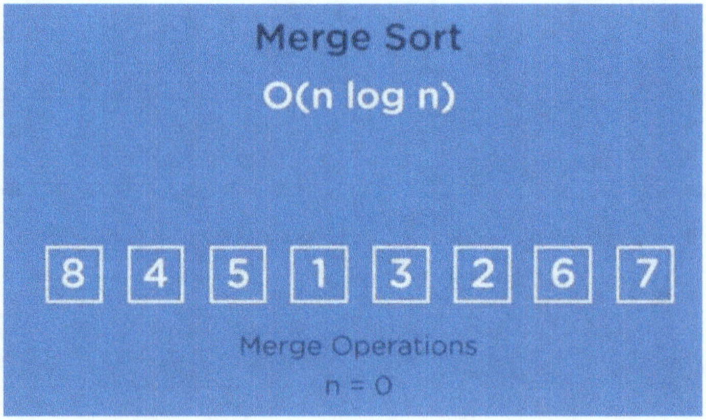

Figura 1.2.20: Merge Sort continua dividindo cada sublista até restar apenas uma lista com números únicos

Tradução dos Rótulos da Imagem:

- Merge Sort → Merge Sort
- Merge Operations → Operações de Mesclagem

Quando estivermos com números únicos, podemos realizar uma operação de ordenação e mesclar as sublistas de volta na direção oposta.

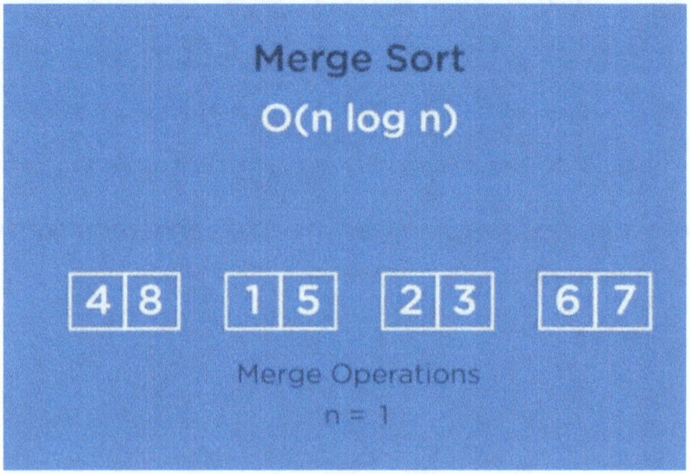

Figura 1.2.21: Merge Sort realiza uma operação de ordenação mesclando as sublistas de volta na direção oposta (n=1)

Tradução dos Rótulos da Imagem:

- Merge Sort → Merge Sort
- Merge Operations → Operações de Mesclagem

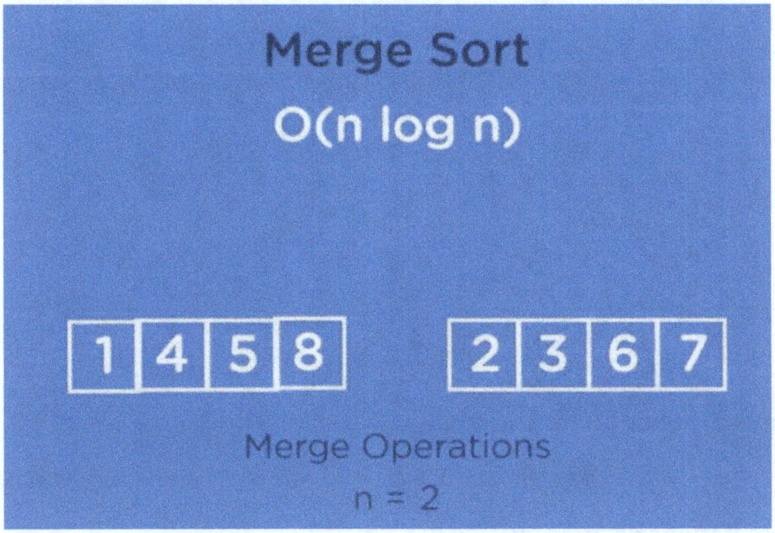

Figura 1.2.22: Merge Sort realiza mais uma operação de ordenação (n=2)

Tradução dos Rótulos da Imagem:

- Merge Sort → Merge Sort
- Merge Operations → Operações de Mesclagem

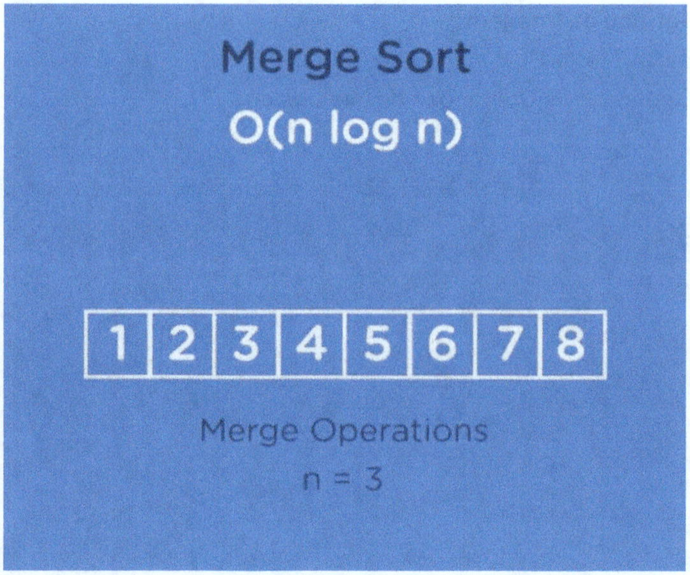

Figura 1.2.23: Merge Sort realiza mais uma operação de ordenação (n=3) e a ordenação é concluída

Tradução dos Rótulos da Imagem:

- Merge Sort → Merge Sort
- Merge Operations → Operações de Mesclagem

A primeira parte do Merge Sort divide essas listas em sublistas com metade dos números. Isso é semelhante à busca binária, onde cada operação de comparação reduz pela metade o intervalo de valores. Você já sabe que o pior caso na busca binária tem um tempo de execução log n. Portanto, as operações de divisão têm o mesmo tempo de execução, O(log n) ou logarítmico.

Mas dividir ao meio não é a única coisa que precisamos fazer com o Merge Sort. Também precisamos realizar operações de comparação para poder ordenar esses valores. Se você observar cada etapa desse algoritmo, realizamos um número n de operações de comparação, e isso traz o tempo de execução no pior caso para O(n log n), também conhecido como quasilinear.

1.2.7. Tempos de Execução Polinomiais

Não se preocupe se você não entendeu como o Merge Sort funciona. Esse não era o objetivo da demonstração. Vamos estudar o Merge Sort mais adiante. Os tempos de execução que vimos até agora são todos chamados de tempos de execução polinomiais.

Um algoritmo é considerado como tendo um tempo de execução polinomial se, para um determinado valor de n, seu pior caso de execução está na forma de O(n^k), onde k representa algum valor. Pode ser n^2, onde k = 2 para um tempo quadrático, ou n^3 onde k = 3 para um tempo cúbico, e assim por diante. Todos esses estão na forma de n elevado a alguma potência.

Qualquer coisa que esteja limitada por isso, ou seja, qualquer coisa que fique abaixo do gráfico na Figura 1.2.24, é considerada como tendo um tempo de execução polinomial. Algoritmos com um limite superior ou um tempo de execução com um valor de big O que é polinomial são considerados algoritmos eficientes e provavelmente serão usados na prática.

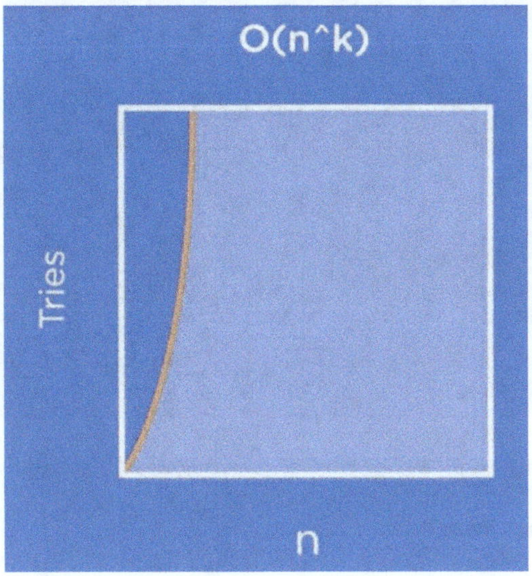

Figura 1.2.24: Gráfico dos tempos de execução polinomiais

Tradução dos Rótulos da Imagem:

Tries → Tentativas

1.2.8. Tempos de Execução Exponenciais

Agora, a próxima classe de tempos de execução que vamos analisar são os tempos que não consideramos eficientes. Esses são chamados de tempos de execução exponenciais. Com esses tempos, à medida que n aumenta ligeiramente, o número de operações aumenta exponencialmente. Como veremos em breve, esses algoritmos são caros demais para serem usados na prática.

Um tempo de execução exponencial é um algoritmo com um valor de big O de algum número x elevado à potência de n, ou seja, $O(x^n)$.

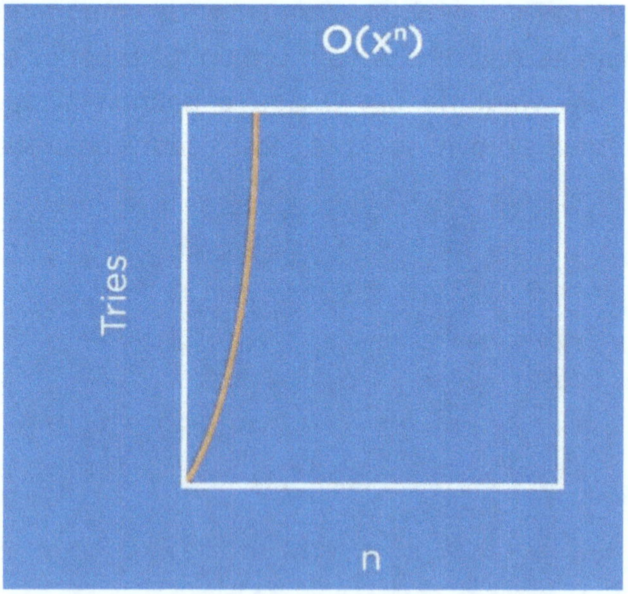

Figura 1.2.25: Gráfico dos tempos de execução exponenciais

Tradução dos Rótulos da Imagem:

Tries → Tentativas

Imagine que você quer abrir um armário que está trancado com um cadeado. Vamos supor que você esqueceu a combinação. Esse cadeado usa um código de dois dígitos, e cada dígito pode variar de 0 a 9. Você começa ajustando os mostradores para 00. Com o primeiro mostrador permanecendo em 0, você muda o segundo mostrador para 1 e tenta abrir. Se não funcionar, você coloca no 2 e tenta de novo. Você continua fazendo isso, e se ainda não tiver sucesso com o segundo mostrador em 9, então você volta ao primeiro mostrador, coloca no 1 e começa o segundo mostrador novamente.

O intervalo de valores pelos quais você teria que passar vai de 00 até 99, o que dá 100 combinações possíveis.

Figura 1.2.26: Um cofre digital com dois dígitos

Tradução dos Rótulos da Imagem:
Brute Force → Força Bruta

Isso pode ser generalizado como 10^2, já que existem 10 valores em cada disco, elevados ao número de dois discos. Procurar por cada valor individualmente até encontrar o correto é uma estratégia chamada força bruta, e algoritmos de força bruta possuem tempos de execução exponenciais. Aqui, há dois discos, então n = 2, e cada disco tem 10 valores. Portanto, novamente, podemos generalizar esse algoritmo como 10^n, onde n representa o número de discos.

O motivo pelo qual esse algoritmo é tão ineficiente é porque, com apenas mais um disco no cadeado, o número de operações aumenta significativamente. Com três discos, o número de combinações no pior cenário — onde o código correto é o último da faixa — é 10^3, ou 1000 valores. Com um disco adicional, torna-se 10^4 ou 10.000 valores. À medida que n aumenta, o número de operações cresce exponencialmente até um ponto em que se torna impossível resolver em um tempo realista.

Figura 1.2.27: Um cofre digital com três dígitos

Tradução dos Rótulos da Imagem:
Brute Force → Força Bruta

Agora você pode pensar: "Bem, qualquer computador consegue quebrar um cadeado numérico de quatro dígitos", e isso é verdade porque o valor de *n* aqui é suficientemente pequeno. Mas esse é o mesmo princípio que usamos para senhas. Em um campo de senha típico, bem implementado, os usuários podem usar letras do alfabeto inglês (até 26), números de 0 a 9, e um conjunto de caracteres especiais, que pode conter cerca de 33 símbolos. Então, 26 + 10 + 33 = 69 caracteres. Um exemplo é mostrado na Figura 1.2.28.

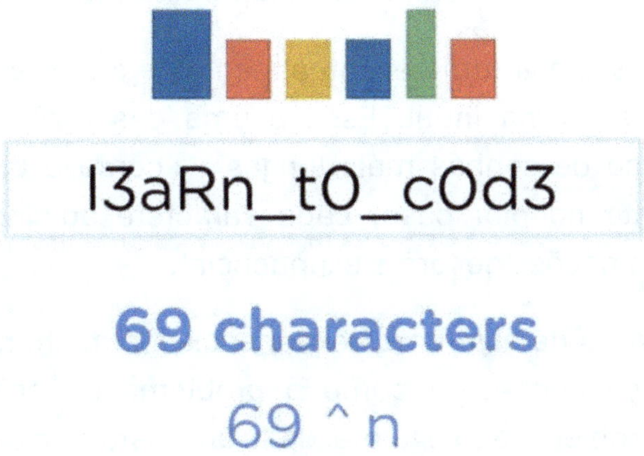

Figura 1.2.28: Um campo de senha de site que pode aceitar até 69^n combinações

Tradução dos Rótulos da Imagem:
characters → caracteres

Então, normalmente isso significa que cada caractere em uma senha pode ser 1 dentre 69 valores possíveis. Isso quer dizer que, para uma senha de um caractere, seriam necessárias 69 elevado a n operações (69^n). Para n = 1, temos 69 operações no pior caso para descobrir a senha. Basta aumentar n para 2 para que o número de operações necessárias para adivinhar a senha suba para 69^2 ou 4.761 operações.

Agora, geralmente em um site seguro não há um limite rígido, mas, em geral, senhas são limitadas a cerca de 20 caracteres. Com cada caractere podendo ser um entre 69 valores possíveis, e com 20 caracteres no total, o número de operações necessárias para descobrir a senha no pior caso é 69 elevado à 20ª potência (69^{20}), ou aproximadamente 6×10^{36} operações. Um processador Intel com 5 núcleos consegue realizar cerca de 65 bilhões de instruções por segundo. É um número curioso. Para quebrar nossa senha de 20 dígitos nesse modelo bem simplificado, esse processador Intel levaria cerca de 2×10^{20} anos para forçar a senha por tentativa e erro (brute force).

Então, embora esse algoritmo eventualmente gere um resultado, ele é tão ineficiente que se torna inútil. Essa é uma das razões pelas quais se recomenda o uso de senhas mais longas — como o brute force cresce exponencialmente no pior caso, cada caractere adicionado aumenta o número de combinações de forma exponencial.

A próxima categoria de algoritmos exponenciais é melhor ilustrada por um problema famoso conhecido como o problema do caixeiro viajante. A formulação do problema é a seguinte: dada uma lista de cidades e a distância entre cada par de cidades, qual é a rota mais curta possível que visita cada cidade uma vez e retorna à cidade de origem? Parece uma pergunta simples, mas vamos começar com um caso simples: três cidades, A, B e C. Para descobrir a rota mais curta, precisamos listar todas as rotas possíveis. Com três cidades, temos seis rotas.

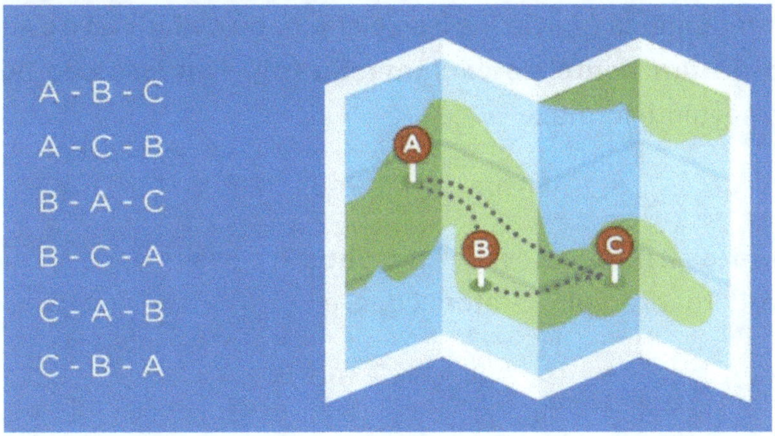

Figura 1.2.29: Cálculo da rota mais curta possível entre três cidades A, B, C

Em teoria, pelo menos algumas dessas rotas podem ser descartadas. Por exemplo, A - B - C é a mesma que C - B - A, só que no sentido inverso. Então, podemos descartar as três últimas rotas da Figura 1.2.29, incluindo C - A - B e B - C - A. Mas, como sabemos, às vezes ir de A para C passando por B pode ser diferente de ir de C para A passando por B, então vamos manter as seis rotas, e a partir delas poderíamos determinar a mais curta. Sem grandes problemas. Agora, se aumentarmos para 4 cidades, o número de combinações salta para 24.

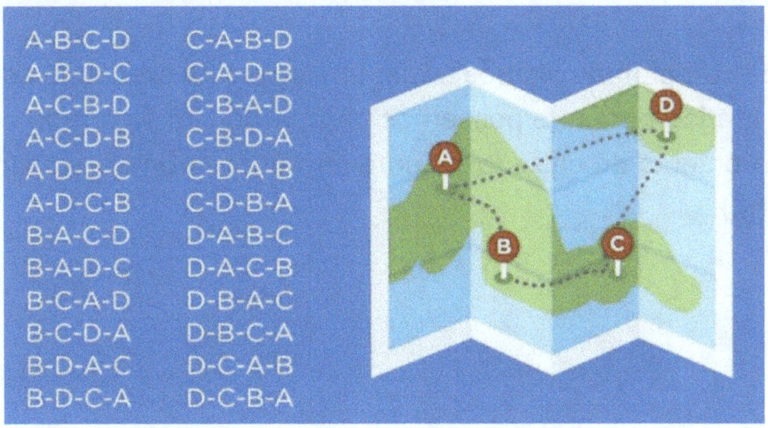

Figura 1.2.30: Cálculo da rota mais curta possível entre quatro cidades A, B, C, D

A relação matemática que define isso é chamada de fatorial e é escrita como **n seguido de um ponto de exclamação (n!)**. Fatoriais são basicamente obtidos da seguinte forma:

$$n! = n(n-1)(n-2)(n-3)...(2)(1).$$

Ou seja, **n vezes n menos 1, vezes n menos 2**, e assim por diante, até chegar ao número 1. Por exemplo, o fatorial de 3 é:

$$3! = 3 \times 2 \times 1 = 6$$

que é o número de combinações que encontramos para 3 cidades. O fatorial de 4 é

$$4! = 4 \times 3 \times 2 \times 1 = 24$$

que é o número de combinações que obtivemos com 4 cidades. Ao resolver o problema do caixeiro viajante, o algoritmo mais eficiente terá um **tempo de execução fatorial**, ou um **tempo de execução combinatório**, como também é chamado. Para valores baixos de *n*, algoritmos com tempo de execução fatorial podem ser usados. Mas com um valor de *n*, digamos 200 (ou seja, 200!), levaria mais tempo do que os humanos existem para resolver o problema!

Para fins de completude, vamos traçar um tempo de execução combinatório em nosso gráfico para que possamos comparar. Um algoritmo como o que resolve o problema do caixeiro viajante tem um tempo de execução no pior caso de **O(n!)**.

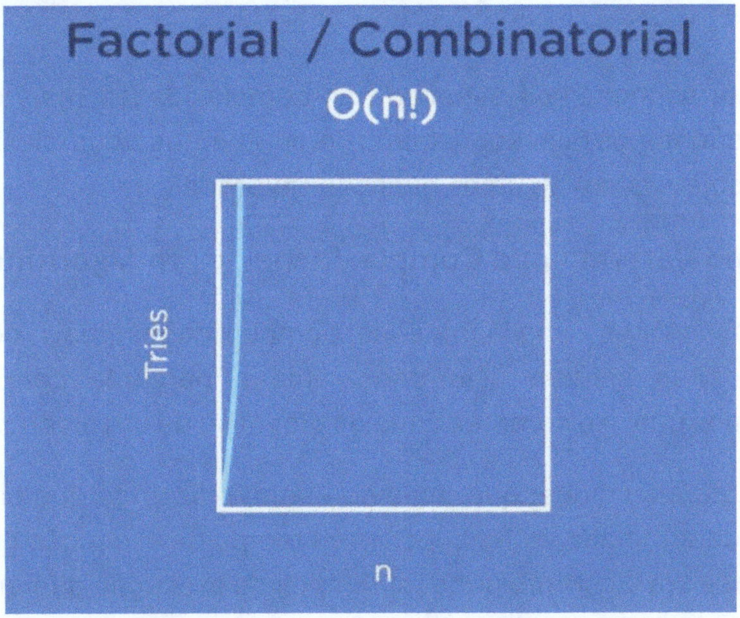

Figura 1.2.31: Gráfico de um tempo de execução combinatorial

Tradução dos Rótulos da Imagem:

- Factorial / Combinatorial → Fatorial / Combinatório
- Tries → Tentativas

Estudar tempos de execução exponenciais como este é útil por dois motivos. Primeiro, ao estudar como tornar esses algoritmos mais eficientes, desenvolvemos estratégias que são úteis de forma geral e que podem potencialmente ser usadas para tornar algoritmos existentes ainda mais eficientes. Segundo, é importante estar ciente de problemas que levam muito tempo para serem resolvidos.

Saber logo de cara que um problema é praticamente insolúvel em um tempo realista significa que você pode focar seus esforços em outros aspectos do problema. Como iniciante, no entanto, você vai evitar tudo isso e concentrar seus esforços em algoritmos com tempos de execução polinomiais, já que é muito mais provável que você trabalhe com esse tipo de algoritmo e aprenda sobre eles.

Agora que já conhecemos algumas das complexidades mais comuns, na próxima seção vamos falar sobre como determinamos a complexidade de um algoritmo, pois existem algumas nuances envolvidas.

1.2.9. Como Determinar a Complexidade de um Algoritmo

Nas últimas seções, analisamos as complexidades mais comuns que encontramos ao estudar algoritmos. Mas a pergunta continua: como determinamos qual é a complexidade de pior caso de um algoritmo?

Anteriormente, mencionei que, mesmo quando dizemos que um algoritmo possui um determinado limite superior ou tempo de execução no pior caso, cada etapa de um algoritmo pode ter tempos de execução diferentes.

Vamos analisar as etapas da busca binária. Novamente, assumindo que a lista está ordenada, o primeiro passo é determinar a posição do meio da lista. Em geral, isso será uma operação de tempo constante. Muitas linguagens de programação mantêm informações sobre o tamanho da lista, então não precisamos percorrê-la para descobrir seu tamanho. Agora, se não tivéssemos essa informação, precisaríamos contar cada item um por um até o final da lista, o que seria uma operação de tempo linear. Mas realisticamente, isso é uma operação de tempo constante, ou **O(1)**.

O segundo passo é comparar o elemento na posição central com o elemento alvo. Podemos assumir que, na maioria das linguagens de programação modernas, isso também é uma operação de tempo constante, pois a documentação da linguagem normalmente garante isso.

O terceiro passo é o nosso caso de sucesso, e o algoritmo termina. Esse é o nosso melhor caso e, até agora, só executamos duas operações de tempo constante. Por isso, podemos dizer que o **tempo de execução no melhor**

caso da busca binária é tempo constante, o que é verdade. Mas lembre-se de que o melhor caso não é uma métrica muito útil, exceto quando não há correspondência e o algoritmo continua dividindo a lista em sublistas.

Assumindo o pior cenário, o algoritmo continuará dividindo a lista em sublistas até restar uma lista com apenas um elemento — o valor que estamos buscando. O tempo de execução para essa etapa é **logarítmico**, pois descartamos metade dos valores a cada passo. Portanto, nesse algoritmo temos algumas etapas com tempo constante e uma com tempo logarítmico.

Ao avaliar o tempo de execução de um algoritmo, dizemos que o algoritmo possui, como limite superior, o mesmo tempo da **etapa menos eficiente** do algoritmo. Pense assim: imagine que você está participando de um triatlo — uma corrida com etapas de natação, corrida e ciclismo. Você pode ser um nadador fenomenal e um ciclista excelente, mas um corredor muito ruim. Não importa quão rápido você nade ou pedale — seu tempo total será impactado principalmente pelo tempo da corrida, que é a parte que mais demora.

Se você leva 1h30 para correr, 55 minutos para nadar e 38 minutos para pedalar, não importa se você melhorar a natação para 48 minutos e o ciclismo para 35 minutos, pois **o seu tempo total ainda será limitado pela corrida**, que é quase o dobro do tempo de bicicleta.

Da mesma forma, no algoritmo de busca binária, não importa quão rápidas sejam as outras etapas — elas já são o mais rápidas possível no pior caso. A divisão da lista até restar um único elemento é o que impacta o tempo total de execução. Por isso dizemos que a complexidade de tempo do algoritmo no pior caso é O(log n), ou logarítmica.

Como mencionei antes, seu algoritmo pode atingir um tempo de execução no melhor caso e, entre o melhor e o pior caso, pode haver também um tempo médio de execução. Isso é importante de entender, pois os algoritmos nem sempre atingem seu pior caso. Mas isso já começa a ficar um pouco mais avançado para nós neste momento.

Por enquanto, podemos ignorar com segurança o desempenho médio e focar apenas no pior caso no futuro. Se você decidir continuar, voltaremos a falar mais sobre isso. Agora que você já sabe sobre algoritmos, complexidade e Notação Big O, vá para a próxima seção e resolva alguns exercícios práticos.

Depois, você pode dar uma pausa em toda essa teoria e escrever código na seção seguinte.

1.2.10. Exercício de Prática 3

Q1. Comecei a seguir um plano de treino recentemente e uma das rotinas funciona assim: tenho que fazer um certo número de barras, e para cada barra que eu completar, preciso fazer um número equivalente de flexões. Por exemplo, se eu quiser fazer 10 barras, após cada barra eu faço 10 flexões. Como você generalizaria o tempo de execução de uma rotina como essa? Escolha a resposta correta abaixo.Quadratic time because the total number of exercises completed for any given routine is n times n.

A. Tempo quadrático porque o número total de exercícios completados em qualquer rotina é n vezes n.

B. Tempo constante. Eu sou sobre-humano e consigo completar qualquer número de exercícios na mesma quantidade de tempo.

C. Tempo linear porque o número total de exercícios aumenta proporcionalmente ao tamanho de n.

Q2. Meu filho joga brinquedos por todo o chão e eu os limpo pegando um por um. Como você generalizaria o tempo de execução do meu algoritmo de "limpeza"? Escolha a resposta correta abaixo.

A. O(n^2) ou tempo quadrático

B. O(n) ou tempo linear

C. O(1) ou tempo constante

Q3. Você tem uma caixa de blocos de Lego de várias cores que deseja organizar em uma única pilha ordenada por cor. Você trabalha com um amigo e divide os blocos nas menores pilhas possíveis, organiza cada pilha e combina as pilhas conforme são organizadas. Como você definiria, de forma geral, o tempo de execução desse algoritmo?

A. Linear ou O(n)

B. Quasilinear ou O(nlog n)

C. Quadrático ou O(n^2)

Q4. Cada etapa de um algoritmo tem um custo ou uma complexidade de tempo própria. Escolha a alternativa correta abaixo.

A. Verdadeiro

B. Falso

Q5. Se um algoritmo tem um tempo de execução de O(1), quanto tempo a mais ele levará quando n = 10000 comparado a quando n = 10?

A. O tempo de execução aumenta por um fator de 1000.

B. O tempo de execução aumenta por um fator de log 1000.

C. O mesmo tempo.

1.2.11. Respostas do Exercício de Prática 3

1. A.

2. B.

3. B.

4. A.

5. C.

1.3. Algoritmos em Código

Até agora, estivemos apenas analisando algoritmos de forma abstrata, mas você está aqui para aprender a implementá-los também! Nas próximas seções, vamos escrever código para implementar tanto a busca linear quanto a busca binária.

1.3.1. Busca Linear em Código

Até agora, passamos bastante tempo na teoria e, embora todas essas coisas sejam importantes de se saber, você obtém uma compreensão muito melhor de como os algoritmos funcionam quando começa a escrever algum código.

Como mencionado no capítulo introdutório, escreveremos código em Python neste curso e em todos os cursos futuros de algoritmos. Se você tem experiência de programação em outra linguagem, recomendo conferir o seguinte livro — ou um recurso semelhante — que simplifica o Python para iniciantes e cobre tudo, desde a configuração até a instalação.

https://www.scribd.com/book/513773394/Python-Programming-from-Beginner-to-Paid-Professional-Part-1-Learn-Python-for-Automation-IT-with-Video-Tutorials (ou use este link curto do BIT.LY: http://bit.ly/3ZKREhB).

Se você não tem nenhuma experiência em escrever código, farei o meu melhor para explicar conforme avançamos nesta seção. Tente baixar o Python (www.python.org/downloads) e instalá-lo no seu sistema primeiro. Você também vai precisar de um ambiente de codificação chamado IDE, como o Pycharm (www.jetbrains.com/pycharm/download), Visual Studio ou até mesmo um bloco de notas comum (no Windows) ou o TextEdit (no MacBook). É nesse ambiente que abriremos um espaço de trabalho para escrever todo o nosso código.

Se você já está familiarizado com o uso do Python no seu ambiente local, fique à vontade para continuar usando-o. Caso contrário, há vários vídeos gratuitos no YouTube que você pode seguir para configurar o Python e o Pycharm no seu sistema.

Se não quiser instalar nada, você pode escrever seu código online em: https://www.programiz.com/python-programming/online-compiler/

Quando estiver pronto(a), é só me acompanhar na escrita e avaliação do código. O espaço de trabalho do Pycharm é bem simples de usar. À esquerda da Figura 1.3.1, temos um painel de navegação de arquivos, que está vazio no momento, já que ainda não criamos nenhum arquivo.

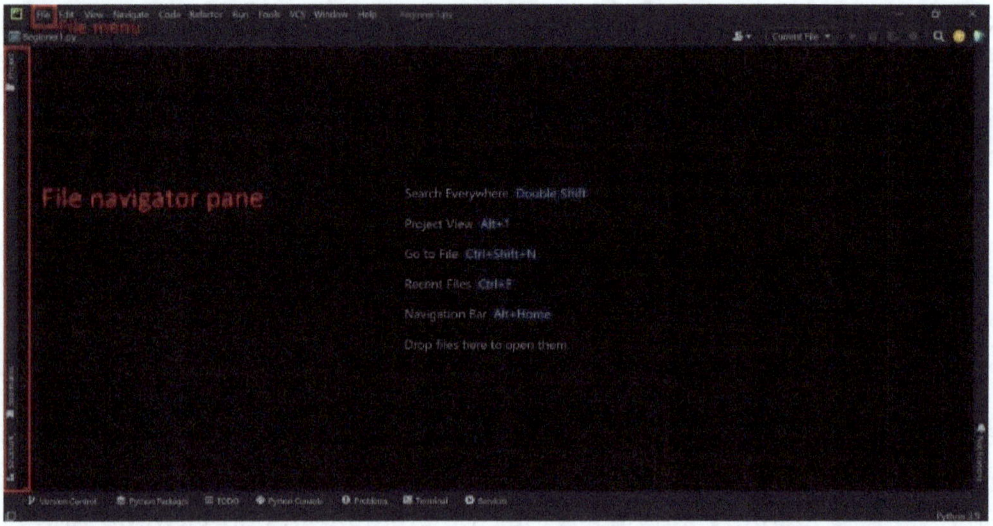

Figura 1.3.1: Janela do PyCharm IDE mostrando o painel de navegação e o menu de arquivos

Tradução dos Rótulos da Imagem:

- File navigator pane → Painel de navegação de arquivos

Bom, vamos abrir um novo projeto. No canto superior esquerdo, siga este caminho:

File (1) > New Project ... (2). Veja a Figura 1.3.2. Uma janela será exibida.

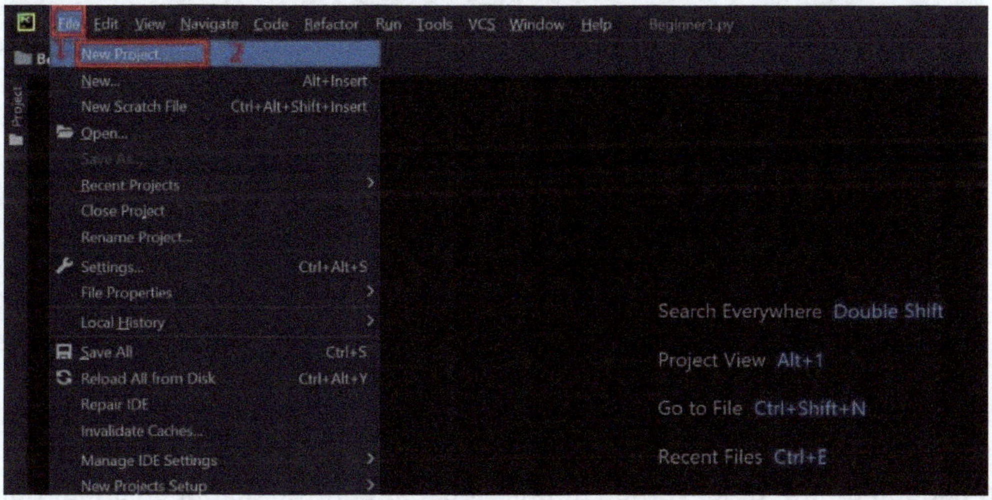

Figura 1.3.2: Janela do PyCharm IDE mostrando como criar um novo projeto

A partir desta janela, crie uma nova pasta com o nome Algorithm, ou selecione uma pasta existente de qualquer local do seu computador (como a Área de Trabalho) onde deseja salvar seu novo arquivo. Em seguida, clique em Create no canto inferior direito da janela.

Agora, crie um novo arquivo dentro dessa pasta e nomeie-o como *linear_search.py*. "*.py*" é a extensão de um arquivo Python. Veja a Figura 1.3.2.

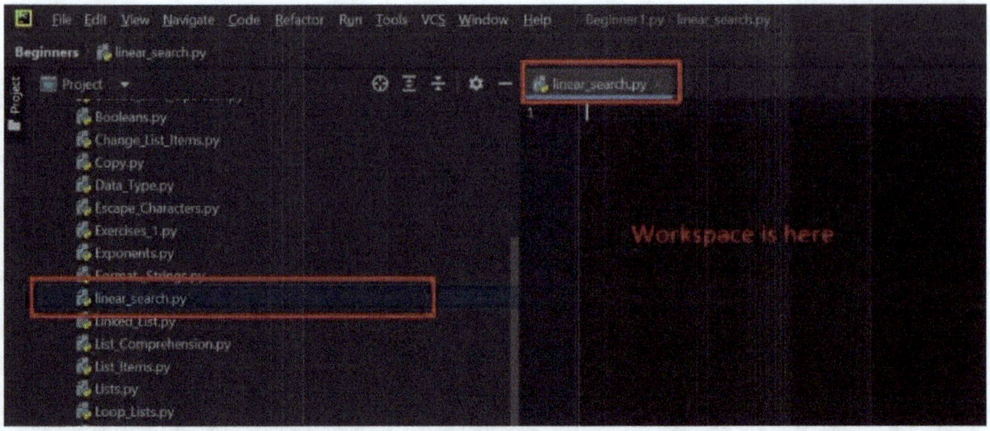

Figura 1.3.3: Um novo arquivo criado no PyCharm mostrando que nosso espaço de trabalho está pronto para codificação

No espaço de trabalho, vamos definir nosso algoritmo de busca linear como uma função independente. Começamos com a palavra-chave def, que define uma função ou bloco de código, e então damos a ela o nome *linear_search*. Essa função aceitará dois argumentos: primeiro, a lista em que estamos procurando e, em seguida, o valor alvo que queremos encontrar. Ambos os argumentos são colocados entre parênteses, e não há espaço entre o nome da função e os argumentos. Depois disso, colocamos dois pontos. Aqui está o código até agora:

```
def linear_search(list, alvo):
```

Agora, pode haver um pouco de confusão aqui, já que já temos esse valor *alvo* — o que exatamente estamos procurando? Como no jogo que fizemos no início, em que o trabalho do João era encontrar um valor, em uma implementação verdadeira de busca linear, estamos procurando a posição na lista onde esse valor existe. Se o alvo estiver na lista, então retornamos sua posição, e como estamos lidando com listas, essa posição será representada por um índice.

Agora, se o *alvo* não for encontrado, vamos retornar *None*. A escolha do que retornar em caso de falha pode variar em outras implementações da busca linear. Você pode retornar -1, já que geralmente esse não é um índice válido. Também pode lançar uma exceção, que em Python é uma forma de indicar que ocorreu um erro.

Agora, acho que para nós o valor mais direto que podemos retornar aqui é None. Vamos adicionar um comentário para esclarecer isso. Então, pressione Enter para ir para a próxima linha e, em seguida, vamos adicionar três aspas simples. Abaixo disso, na linha seguinte, escreveremos: *Retorna a posição do índice do alvo se encontrado, caso contrário retorna None.* E então, na linha seguinte, fecharemos com mais três aspas simples. Isso é chamado de *docstring* e é uma convenção do Python para documentar seu código. Aqui está o código atualizado:

```
def linear_search(list, alvo):
  """
  Retorna a posição do índice do alvo se encontrado, caso contrário
retorna None.
  """
```

Para salvar seu código, vá até o menu principal no topo da janela do PyCharm e siga este caminho:

File > **Save All** ou use o atalho de teclado Ctrl + S.

O algoritmo de busca linear é um algoritmo sequencial que compara cada item da lista até que o alvo seja encontrado. Para iterar ou percorrer nossa lista sequencialmente, podemos usar um laço *for*. Normalmente, ao iterar sobre uma lista em Python, usaríamos um laço assim: *for item in list*. Isso atribui o valor de cada posição do índice a uma variável local chamada *item*. No entanto, não é isso que queremos, pois nos importamos principalmente com a posição do índice. Em vez disso, vamos usar a função range do Python para criar um intervalo de valores que começa em zero e termina no número de itens da lista. Então, vamos escrever:

```
for i in range(0, len(lista)):
```

Começamos em 0 e vamos até o comprimento da lista. Agora, voltando à nossa conversa sobre complexidade e como etapas individuais em um algoritmo podem ter seus próprios tempos de execução, essa é uma linha de código com a qual devemos ter cuidado. O Python mantém o controle do comprimento de uma lista. Portanto, essa função chamada *len(list)* é uma operação de **tempo constante**.

Agora, se esta fosse uma implementação ingênua — por exemplo, digamos que escrevemos a implementação da lista e iteramos sobre ela —, toda vez que chamássemos essa função de comprimento, já teríamos incorrido em um custo linear. Portanto, uma vez que temos um intervalo de valores que representa as posições de índice nessa lista, vamos iterar sobre esse intervalo usando o laço for e atribuir cada valor de índice a essa variável local i. Usando esse valor de índice, podemos obter o item nessa posição usando a notação de colchetes na lista.

Agora, isso também é uma operação de tempo constante porque a linguagem assim define. Então, vamos escrever:

```
if lista[i]== alvo:
  return i
```

Uma vez que tivermos esse valor, vamos verificar se ele corresponde ao alvo. Então, se o valor em i for igual ao target, retornaremos esse valor de índice porque queremos a posição. Assim que esse comando return for executado, a função será encerrada.

Se todo o laço for for executado e não chegarmos a esse return, isso significa que o alvo não existe na lista. Portanto, ao final do nosso código, escreveremos return *None*. Aqui está o código atualizado.

```
def linear_search(lista, alvo):
"""
Retorna a posição do índice do alvo se encontrado, caso contrário retorna
None.
"""
    for i in range(0, len(lista)):
        if lista[i]== alvo:
            return i
    return None
```

Mesmo que todas as operações individuais no nosso algoritmo sejam executadas em tempo constante, no pior cenário, o laço ***for*** acima terá que percorrer toda a faixa de valores e ler cada elemento da lista antes de atribuir ao algoritmo um valor de Big O de ***n***, ou seja, funcionando em tempo linear.

Agora, se você já escreveu código antes, com certeza já escreveu algo parecido várias vezes — e aposto que você nem sabia que estava implementando, na prática, um algoritmo bem conhecido. Espero que isso mostre que algoritmos são um assunto bem acessível.

Como tudo na vida, isso pode sim se tornar avançado, mas contanto que você vá com calma, não há motivo para ser impossível. Lembre-se de que nem todo bloco de código é considerado um algoritmo. Para ser uma implementação adequada da busca linear, esse bloco de código deve retornar um valor, deve concluir a execução em um tempo finito e deve produzir sempre o mesmo resultado para um conjunto de entrada específico.

Agora, vamos verificar esse código com um pequeno teste. Vamos escrever uma função chamada ***verify*** que aceita um valor de índice. Se o valor não for ***None***, ela imprime a posição do índice. Se for ***None***, ela nos informa que o alvo não foi encontrado na lista. Então, adicionamos o seguinte ao nosso código existente:

```
def verify(index):
    if index is not None:
        print("Alvo encontrado no índice: ", index)
    else:
        print("Alvo não encontrado na lista ")
```

Aí está. Agora, usando essa função, vamos definir um intervalo de números, que será uma lista de números. Vamos apenas de 1 a 10.

```
numeros = [1,2,3,4,5,6,7,8,9,10]
```

Agora, se você já escreveu código em Python antes, sabe que posso usar uma *list comprehension* para facilitar a criação dessa lista de números, mas vamos manter as coisas simples. Agora podemos usar nossa função de busca linear para procurar a posição de um valor alvo nessa lista. Então, podemos dizer:

```
result = linear_search(numbers,12)
verify(result)
```

Perceba que passamos a lista *números*, que é a que estamos pesquisando, e queremos procurar a posição onde o valor 12 está. Por fim, vamos verificar esse resultado. Se nosso algoritmo estiver funcionando corretamente, a função *verify* deve nos informar que o alvo não foi encontrado. Finalmente, certifique-se de salvar o arquivo. Aqui está o código completo:

```
def linear_search(lista, alvo):
"""
Retorna a posição do índice do alvo se encontrado, caso contrário retorna
None.
"""
    for i in range(0, len(lista)):
        if lista[i]== target:
            return i
    return None

def verify(index):
    if index is not None:
        print("Alvo encontrado no índice: ", index)
    else:
```

```
        print("Alvo não encontrado na lista")

numeros = [1,2,3,4,5,6,7,8,9,10]

result = linear_search(numeros,12)
verify(result)
```

A Figura 1.3.4 mostra como o código fica dentro do Pycharm. Se você estiver usando o Pycharm para escrever seu código, selecione **Arquivo Atual** (1) no menu suspenso no canto superior direito. Em seguida, clique na seta verde (2) para executar seu código.

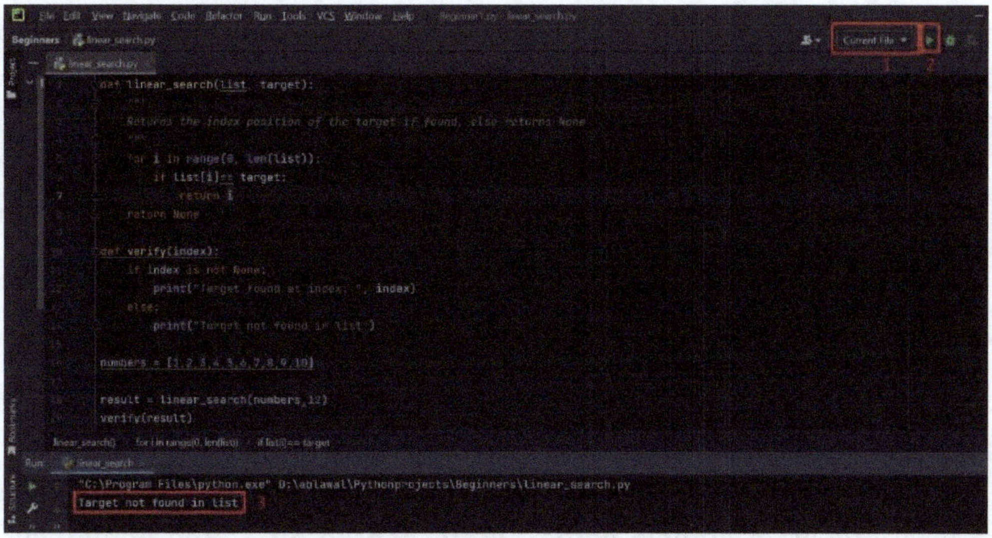

Figura 1.3.4: O código linear_search exibido no espaço de trabalho do PyCharm. O resultado também é exibido abaixo (3)

Se você estiver usando o Pycharm para escrever seu código, selecione **Arquivo Atual** (1) no menu suspenso no canto superior direito. Em seguida, clique na seta verde (2) para executar seu código. Como você pode ver na Figura 1.3.4, a saída do código está correta porque o valor **12** não foi encontrado na lista (3). Portanto, a saída do nosso script é exatamente o que esperávamos.

Para um segundo teste, vamos procurar pelo valor 6 na lista. Para isso, basta voltar ao seu código e trocar o 12 por 6.

```
result = linear_search(numeros,6)
verify(result)
```

Salve seu código e depois clique novamente na seta verde (2) para executar o código atualizado. Aqui está o resultado:

```
Alvo encontrado no índice:  5
```

Mais uma vez, você verá que tudo funciona corretamente. Lembre-se de que o primeiro elemento (1) da lista tem o índice 0. É por isso que o retorno foi **5** como o índice correto para o elemento 6. Execute o programa aí no seu ambiente e verifique se tudo está funcionando como esperado. Nosso algoritmo retorna um resultado em cada execução, em tempo finito, e os resultados são exatamente os que esperamos. Na próxima seção, vamos abordar a **busca binária**.

1.3.2. Busca Binária em Código

Na seção anterior, encerramos com uma implementação de busca linear. Vamos fazer o mesmo agora com a **busca binária**, para entendermos como ela é representada em código. Faremos isso em um novo arquivo. Então, crie um novo arquivo e nomeie como ***binary_search.py***. Como antes, vamos começar com uma função chamada **binary_search**. Então, escreveremos:

```
def binary_search(list, alvo):
```

Essa função recebe uma **lista** e um *alvo*. Se você se lembra, a busca binária funciona dividindo o array ou lista em conjuntos menores até encontrarmos o valor que estamos procurando. Precisamos de uma forma de acompanhar a parte da lista que estamos analisando. Então, vamos criar duas variáveis, *primeiro* e *último*, para apontar para o início e o fim do array:

```
primeiro = 0
ultimo = len(lista) - 1
```

Agora, se você é novo em programação, as posições em uma lista são representadas por **índices** que começam em **0** em vez de 1. Então aqui, estamos definindo *primeiro = 0* para apontar para o primeiro elemento da lista. último vai apontar para o último elemento da lista, mas usamos *len(lista) - 1*, e não apenas *len(lista)*.

Isso pode ser confuso, então aqui vai uma explicação rápida: Vamos supor que temos uma lista com 5 elementos. Se chamarmos *len(lista)*, o retorno será 5, porque há 5 elementos. Mas lembre-se de que, como a contagem de posições começa do 0, o último valor **não** está na posição 5, e sim na **posição 4**. Em quase todas as linguagens de programação, para obter a posição do último elemento de uma lista, determinamos o tamanho da lista e subtraímos 1 — que é exatamente o que estamos fazendo aqui.

Agora, sabemos quais são as posições de início e fim quando começamos o algoritmo. Para nossa próxima linha de código, vamos criar um **laço** *while*. Um laço while recebe uma **condição** e continua executando o código dentro do laço enquanto essa condição for verdadeira.

Para nossa condição, vamos dizer ao Python para continuar executando esse laço enquanto o valor de *primeiro* for **menor ou igual ao valor de** *último*. Ou seja:

```
while primeiro <= ultimo:
```

Bem, você pode estar se perguntando: por que essa é a nossa condição? Vamos trabalhar essa implementação e, em seguida, uma visualização ajudará. Dentro do laço *while*, vamos calcular o ponto médio da nossa lista, já que esse é o primeiro passo da busca binária:

```
midpoint = (primeiro + ultimo) // 2
```

Agora, essas duas barras (//) são o que o Python chama de **operador de divisão inteira** (*floor division*). O que ele faz é arredondar o resultado da divisão **para baixo** até o número inteiro mais próximo.

Então, digamos que temos um array com oito elementos, onde *primeiro* é 0 e *último* é 7. Se dividirmos (0 + 7) por 2, obteremos 3,5. Como 3,5 não é uma posição válida em uma lista (índices devem ser inteiros), usamos o operador de divisão inteira para arredondar para **3**. Agora temos um ponto médio.

O próximo passo da busca binária é avaliar se o valor nesse ponto médio é igual ao alvo que estamos procurando. Então escrevemos:

```
if lista[midpoint] == alvo:
return midpoint
```

Isso verifica se o valor na posição *midpoint* é igual ao *alvo*. Se for, retornamos o *midpoint*. A instrução return encerra a execução do algoritmo, e pronto — esse é o nosso **melhor cenário**.

Em seguida, usamos o *elif* (else-if), como mostrado abaixo:

```
elif lista[midpoint] < alvo:
```

Isso verifica se o valor no ponto médio é **menor** que o alvo. Se for, então podemos **descartar todos os valores antes do ponto médio**, pois eles também serão menores. Redefinimos *primeiro* para apontar para o valor **após** o ponto médio:

```
primeiro = midpoint + 1
```

Agora, se o valor no ponto médio for **maior** que o alvo, então descartamos todos os valores **após** o ponto médio, e redefinimos *último* para apontar para o valor **anterior** ao ponto médio:

```
        else:
            ultimo = midpoint - 1
```

E se executarmos todo esse código e nunca encontrarmos uma situação em que *midpoint* seja igual ao alvo? Isso significa que a lista **não contém** o valor alvo. Então, fora do laço *while*, na parte inferior do código, retornamos *None*:

```
    return None
```

Aqui está o código atualizado:

```
def busca_binaria(lista, alvo):
    primeiro = 0
    ultimo = len(lista) - 1
    while primeiro <= ultimo:
        ponto_medio = (primeiro + ultimo) // 2
        if lista[ponto_medio] == alvo:
            return ponto_medio
        elif lista[ponto_medio] < alvo:
            primeiro = ponto_medio + 1
        else:
            ultimo = ponto_medio - 1
    return None
```

Temos várias operações que compõem nosso algoritmo de busca binária. Então, vamos analisar o tempo de execução de cada etapa.

Começamos atribuindo valores às variáveis *primeiro* e *último*. O valor atribuído a *último* envolve uma chamada à função *len* para obter o tamanho da lista, mas já sabemos que essa é uma operação de **tempo constante** em

Python. Portanto, ambas as operações rodam em tempo constante.

Dentro do laço *while*, temos outra atribuição de valor, e essa é uma operação simples de divisão. Então, mais uma vez, o tempo de execução é constante.

Na próxima linha de código, estamos lendo um valor da lista e comparando o ponto médio com o alvo. Ambas essas operações também são de tempo constante.

O restante do código é apenas uma série de comparações e atribuições de valor, e sabemos que todas essas também são operações de tempo constante. Então, se tudo que temos são operações de tempo constante, por que esse algoritmo tem, no pior caso, um tempo de execução **logarítmico**?

É difícil avaliar isso apenas olhando o código, mas o laço *while* é o que faz o tempo de execução crescer. Mesmo que tudo o que estejamos fazendo sejam comparações, ao **redefinir** *primeiro* e *último* nas últimas quatro linhas do código (*primeiro = ponto_medio + 1* e *último = ponto_medio - 1*), estamos dizendo ao algoritmo para **continuar rodando** enquanto primeiro for menor ou igual a *último*.

Agora, a cada execução do laço, o tamanho do conjunto de dados (a lista) **é reduzido por um certo fator** até se aproximar de um único elemento — e é isso que resulta em um tempo de execução **logarítmico**.

Assim como fizemos com a busca linear, vamos agora testar se nosso algoritmo funciona. Mas antes disso, vamos voltar ao código anterior (*linear_search.py*), copiar os dois casos da função *verify* e colar na parte inferior do nosso código atual (*binary_search.py*). O código atualizado está abaixo:

```python
def busca_binaria(lista, alvo):

    primeiro = 0

    ultimo = len(lista) - 1

    while primeiro <= ultimo:

        ponto_medio = (primeiro + ultimo) // 2

        if lista[ponto_medio] == alvo:

            return ponto_medio

        elif lista[ponto_medio] < alvo:

            primeiro = ponto_medio + 1

        else:

            ultimo = ponto_medio - 1

    return None


def verificar(indice):

    if indice is not None:

        print("Alvo encontrado no índice: ", indice)

    else:

        print("Alvo não encontrado na lista")


numeros = [1, 2, 3, 4, 5, 6, 7, 8, 9, 10]


resultado = busca_binaria(numeros, 6)

verificar(resultado)
```

A única coisa que precisamos mudar agora é que, em vez de chamar nosso código de *linear_search*, ele será chamado de *binary_search* (destacado em amarelo na penúltima linha). Não se esqueça de salvar seu código. Selecione o seu espaço de trabalho do código *binary_search* (1) e depois clique no botão de executar (2).

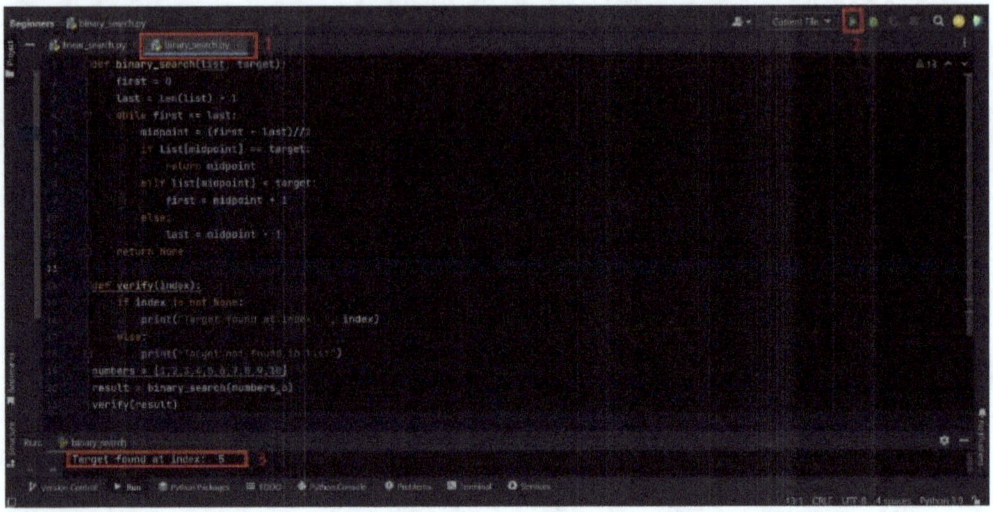

*Figura 1.3.5: Uma busca pelo valor **6** foi realizada pelo código binary_search. O resultado exibe "Alvo encontrado no índice: 5", como esperávamos*

Como mostrado na captura de tela na Figura 1.3.5, assim como antes, obtemos o mesmo resultado 5 para o alvo 6 na lista de números:

```
Alvo encontrado no índice: 5
```

Para um segundo teste, vamos procurar o valor 12 na lista. Para fazer isso, basta voltar ao seu código e trocar o 6 por 12. Em seguida, salve seu código e execute novamente. Como você pode ver na Figura 1.3.6, o alvo 12 **não foi encontrado** na lista. A saída do nosso script é exatamente o que esperávamos.

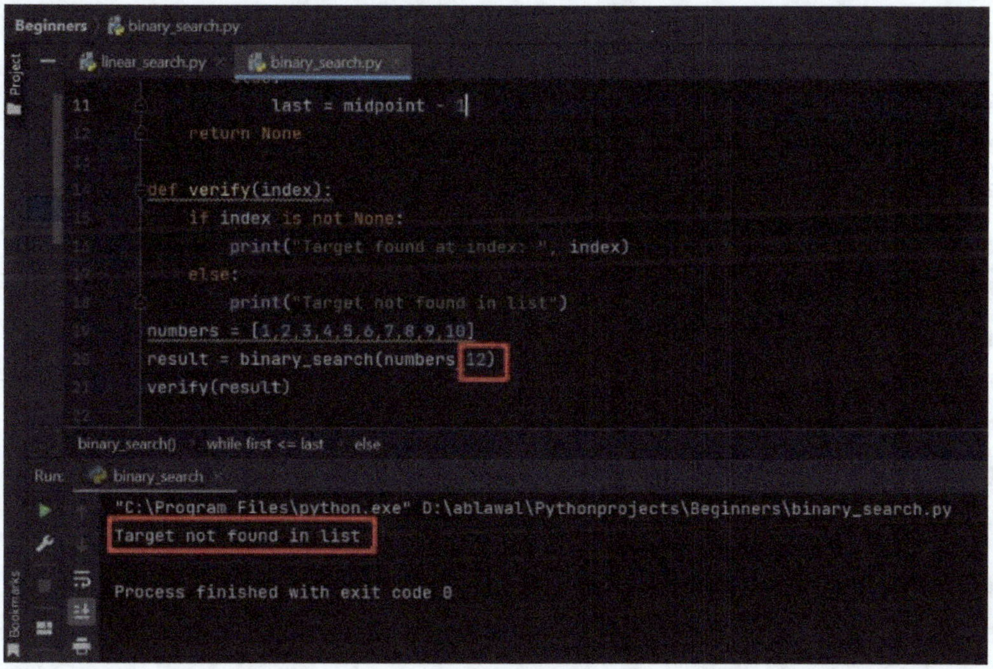

Figura 1.3.6: Uma busca pelo valor 12 foi realizada pelo código binary_search. O resultado exibe "Alvo não encontrado na lista", como esperávamos

Agora observe que é extremamente importante fazer uma distinção aqui. A lista de números que definimos para nossos casos de teste (*numbers = [1,2,3,4,5,6,7,8,9,10]*) **precisa estar ordenada**. A lógica básica da busca binária depende do fato de que, se o alvo for maior que o ponto médio, então nossos valores potenciais estão à direita — ou à esquerda, caso contrário — **já que os valores estão ordenados em ordem crescente.**

Se os valores **não estiverem ordenados**, nossa implementação da busca binária pode retornar *None*, mesmo que o valor **exista** na lista.

Agora, você escreveu um código para implementar dois algoritmos de busca. Que divertido foi isso? Espero que este curso tenha mostrado que esse não é um tópico para se ter medo — e que algoritmos, como qualquer outro tópico envolvendo código, podem ser **divididos em partes e compreendidos passo**

a passo.

Agora temos uma implementação funcional de busca binária, mas na verdade **existem outras formas de escrevê-la**. Então, na próxima seção, vamos escrever uma **segunda versão**.

1.3.3. Busca Binária Recursiva em Código

Crie um novo arquivo. Como sempre, dê o nome de *recursive_binary_search.py*. Vamos adicionar nossa nova implementação em uma nova aba no PyCharm, para que **não substituamos a primeira implementação** que escrevemos. Vamos chamar essa nova função de **busca binária recursiva**.

Diferente da implementação anterior, essa versão vai se comportar de forma um pouco diferente: **ela não vai retornar o índice do elemento alvo, caso ele exista**. Em vez disso, **retornará** *True* **se o valor existir na lista e** *False* **se não existir**. Vamos começar:

```
def recursive_binary_search (lista, alvo):
```

Como antes, essa função vai receber uma **lista** e um **alvo** que queremos encontrar dentro dela. Vamos começar o corpo da função considerando o que acontece se for passada uma **lista vazia**. Nesse caso, retornamos *False*. Então escreveremos:

```
  if len(lista) == 0:
    return False
```

Essa é uma forma de verificar se a lista está vazia. Se *len(lista)* for igual a zero, retornamos *False*.

Agora, você pode estar pensando que na versão anterior do *binary_search*, nós não nos preocupamos se a lista estava vazia. Bem, na verdade nós nos preocupamos sim, mas de uma forma indireta. Na versão anterior, nossa função tinha um laço (loop), e a condição desse laço era verdadeira quando *primeiro* era menor ou igual a *último*. Então, enquanto *primeiro* for menor ou igual a *último*, continuamos o laço.

Agora, se tivermos uma lista vazia, então *primeiro* será maior que *último* e o laço nunca será executado. Por isso, retornamos *None* no final.

Essa é a mesma lógica que estamos implementando aqui; estamos apenas fazendo isso de uma forma um pouco diferente. Se a lista **não** estiver vazia, vamos implementar uma cláusula *else*. Aqui, vamos calcular o ponto médio dividindo o comprimento da lista por 2 e arredondando para baixo usando a divisão inteira. Novamente, não usamos *primeiro* e *último* aqui, então diremos:

```
else:

  meio = len(lista) // 2
```

Agora, se o valor no ponto médio for igual ao alvo, então vamos em frente e retornamos *True*.

```
    if lista[meio] == alvo:

      return True
```

Até agora, isso é mais ou menos a mesma coisa, exceto pelo valor que estamos retornando. Se este não for o caso, vamos implementar uma cláusula *else*. Aqui, temos duas situações:

```
  else:
    if lista[meio] < alvo:
```

Primeiro, se o valor no ponto médio for menor que o alvo, então vamos fazer algo novo. Vamos chamar essa função novamente – essa função de busca binária recursiva que estamos no processo de definir. Vamos chamá-la novamente e fornecer a parte da lista na qual queremos focar.

Na versão anterior da busca binária, movíamos o valor *primeiro* para apontar para o valor após o *meio*. Agora aqui, vamos criar uma nova lista usando o que chamamos de operação de **fatiamento** (slice) e criar uma **sublista** que começa no *meio + 1* e vai até o final. Vamos especificar o mesmo alvo como alvo de busca e, quando essa chamada de função for concluída, retornaremos o valor. O **retorno** é importante.

```
return recursive_binary_search(lista[meio + 1:], alvo)
```

Como você pode ver na linha acima, chamamos essa função *recursive_binary_search* novamente. Essa função recebe uma lista, e aqui estamos usando a notação de colchetes para fazer uma operação de fatiamento, usando dois índices: um de início e outro de fim. O índice inicial é *meio + 1* e o índice final é apenas o *:* — que é uma "açúcar sintática" do Python, por assim dizer. Se eu não especificar um índice final, o Python entende que deve ir até o fim. Então, a linha acima contém nossa nova lista com a qual vamos trabalhar, e precisamos do mesmo alvo.

Agora temos outro caso *else*. Este é o cenário onde o valor no ponto médio é maior do que o alvo, o que significa que só nos interessam os valores da lista do início até o ponto médio. Neste caso também, vamos chamar novamente a função de busca binária e especificar uma nova lista para trabalhar. Desta vez, a lista vai começar no início e ir até o ponto médio. Fica assim:

```
else:
  return recursive_binary_search(lista[:meio], alvo)
```

Os dois pontos que colocamos antes do *meio* sem um índice de início dizem ao Python para começar do início e ir até o *meio*. O alvo aqui é o mesmo, e essa é a nossa nova função de busca binária.

Antes de testarmos se isso funciona, precisaremos definir uma função *verificar*. Não vamos copiar a anterior porque agora não estamos retornando *None* ou um número inteiro. Então:

```
def verificar(resultado):

    print("Alvo encontrado:", resultado)
```

Escrevemos a linha acima porque vamos verificar o resultado que passamos. Isso só vai dizer *True* ou *False* (se encontramos ou não).

Como antes, precisamos de uma lista de números, e vamos fazer algo como *1, 2, 3, 4, ...* até *8*. Também precisamos testar isso. Então, vamos chamar nossa função de busca binária recursiva e passar a lista de números e o alvo — aqui, *12*. Também vamos verificar isso, então escrevemos:

```
numeros = [1,2,3,4,5,6,7,8]
resultado = recursive_binary_search(numeros, 12)
verificar(resultado)
```

Aqui está o código completo:

```
def busca_binaria_recursiva(lista, alvo):

    if len(lista) == 0:

        return False

    else:

        meio = len(lista) // 2


        if lista[meio] == alvo:

            return True

        else:

            if lista[meio] < alvo:

                return busca_binaria_recursiva(lista[meio + 1:], alvo)

            else:

                return busca_binaria_recursiva(lista[:meio], alvo)
```

```
def verificar(resultado):

    print("Alvo encontrado:", resultado)


numeros = [1, 2, 3, 4, 5, 6, 7, 8]

resultado = busca_binaria_recursiva(numeros, 12)

verificar(resultado)
```

Agora, certifique-se de salvar seu código antes de executá-lo. Como mostrado na captura de tela da Figura 1.3.7, a busca funciona corretamente exibindo *False*, já que 12 não está na lista.

Saída:

```
Alvo encontrado: False
```

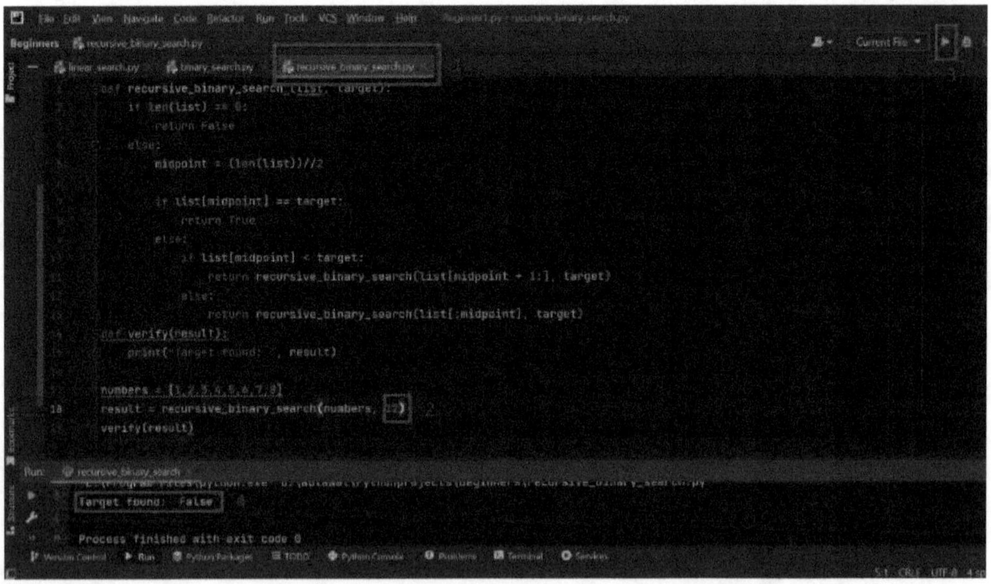

Figura 1.3.7: Uma busca pelo valor 12 foi realizada pelo código recursive_binary_search. O resultado exibe "Alvo encontrado: False", como esperávamos

Para um segundo teste, vamos procurar pelo valor **6** na lista. Para fazer isso, basta voltar ao seu código e trocar o **12** por **6**. Depois, salve seu código e execute novamente. O alvo 6 foi encontrado na lista. Então, o Python retorna a resposta, que é True:

```
Alvo encontrado: True
```

Assim, a saída do nosso script foi exatamente o que esperávamos.

Embora não possamos verificar a posição de índice do valor alvo — o que é uma modificação em como nosso algoritmo funciona —, podemos garantir, testando com todas as entradas válidas, que a busca funciona conforme o esperado.

Agora, por que escrever um algoritmo de busca diferente ou uma versão diferente de busca binária aqui? E qual é a diferença entre essas duas implementações, afinal?

A diferença está nessas quatro linhas de código que você vê abaixo (copiadas do nosso código completo):

```
if lista[midpoint] < alvo:

   return busca_binaria_recursiva(lista[midpoint + 1:], alvo)

else:

   return busca_binaria_recursiva(lista[:midpoint], alvo)
```

Fizemos algo incomum aqui. Antes de entrarmos nisso, um pequeno conselho: este é um tópico confuso, e as pessoas se confundem com ele o tempo todo. Não se preocupe, isso não faz de você um programador pior. Na verdade, eu mesmo tenho dificuldade com isso muitas vezes e sempre preciso pesquisar novamente — inclusive quando criei este curso.

Esta versão da busca binária é uma **busca binária recursiva**. Uma função recursiva é aquela que chama a si mesma. Isso é difícil de entender às vezes, porque há poucas analogias fáceis que fazem sentido, mas você pode pensar da seguinte maneira:

Vamos imaginar que você tem um livro com respostas para problemas de multiplicação. Você está resolvendo um problema e vai procurar a resposta no livro. A resposta para o seu problema diz: *some 10 com a resposta do problema 52*. Hmm! Ok, então você vai até o problema 52, e lá diz: *some 12 com a resposta do problema 85*. Bem, então você vai ver a resposta do problema 85 e, finalmente, ao invés de te redirecionar para outro lugar, ela diz: *10*.

Então, você pega esse 10 e volta para o problema 52. Lembra que a resposta para o problema 52 era *somar 12 à resposta do problema 85*? Então, você soma 10 com 12 e obtém 22. Depois, volta ao problema original, onde dizia *some 10 com a resposta do problema 52*. Então, você soma 10 com 22 e obtém 32 como resposta final.

Esse é um jeito estranho de fazer as coisas, mas é um exemplo de **recursão**. A solução da sua primeira consulta no livro dependia do valor obtido por outra consulta no mesmo livro, que por sua vez dependia de mais uma. O livro dizia para consultar o próprio livro até chegar a algum valor base.

Nossa função funciona de maneira semelhante.

Agora, como eu disse no começo, isso é bastante complicado, então você não deve se preocupar se isso não fizer sentido de imediato. Honestamente, essa não é uma daquelas coisas que você vai entender completamente de primeira e sair dominando recursão. Eu realmente não estou exagerando quando digo que tenho bastante dificuldade com recursão.

Antes de continuarmos, eu gostaria de destacar uma coisa. Mesmo que a implementação recursiva seja mais difícil de entender, neste caso, é mais fácil perceber como chegamos ao tempo de execução logarítmico, já que continuamos chamando a função com listas cada vez menores.

Faça uma pausa agora e tente o próximo exercício prático. Na próxima seção, vamos conversar um pouco mais sobre recursão e por que ela é importante.

1.3.4. Exercício de Prática 4

Q1. Qual é a pré-condição para o algoritmo de busca binária? Escolha a alternativa correta abaixo.
A. O valor alvo deve estar no meio da lista
B. Os dados devem estar ordenados
C. Os dados devem estar desordenados
D. Não há pré-condições

Q2. Qual das duas funções a seguir é uma função recursiva? Escolha a alternativa correta abaixo.

Função 1:

```
def sum(lista):
    soma = 0
    for i in range(0, len(lista)):
        soma += lista[i]
    return soma
```

Função 2:

```
def sum_values(lista):
    if len(lista) == 1:
        return lista[0]
    else:
        return lista[0] + sum_values(lista[1:])
```

A. sum
B. sum_values

Q3. Ao inspecionar o código do algoritmo de busca linear (incluído abaixo para conveniência), não há nenhuma etapa individual com complexidade de tempo maior que O(1). Por que então dizemos que o algoritmo tem um tempo de execução linear? Escolha a resposta correta abaixo.

A. No melhor caso o algoritmo precisa comparar cada item da lista
B. No caso médio o algoritmo precisa comparar cada item da lista
C. No pior caso o algoritmo precisa comparar cada item da lista

1.3.5. Respostas do Exercício de Prática 4

1. B

2. B

3. C

1.4. Recursão e Complexidade de Espaço

Já vimos como o tempo de execução de um algoritmo pode variar dependendo da implementação e do tamanho da entrada. Mas há uma medida de eficiência que ainda não exploramos. Todos os algoritmos rodam em computadores, e computadores não têm memória infinita. Nas próximas seções, vamos analisar o custo de **memória** de um algoritmo à medida que o tamanho da entrada cresce — isso é conhecido como **complexidade de espaço**.

1.4.1. Funções Recursivas

Na última seção, escrevemos uma versão da busca binária que usa um conceito chamado **recursão**. Recursão pode ser um conceito novo para você, então vamos formalizar como ela funciona.

Uma **função recursiva** é uma função que chama a si mesma.

No nosso exemplo anterior, a função de busca binária recursiva se chamava dentro do corpo da própria função. Aqui está ela novamente:

```
return recursive_binary_search(lista[midpoint + 1:], alvo)
```

Ao escrever uma função recursiva, você sempre precisa de uma **condição de parada**, e normalmente começamos o corpo da função recursiva com essa condição. É comum chamá-la de **caso base**. Na nossa função de busca binária recursiva, tínhamos **duas condições de parada**. A primeira era o que a função deveria retornar se uma **lista vazia** fosse passada.

Pode parecer estranho avaliar uma lista vazia, pois normalmente você não esperaria rodar uma busca em uma lista vazia. Mas se observar como nossa função funciona, verá que a busca binária recursiva **chama a si mesma** repetidamente, e **a cada chamada o tamanho da lista é reduzido pela metade**.

Se buscarmos um alvo que **não está** na lista, a função continuará se dividindo até que reste uma lista vazia. Considere uma lista com três elementos: 1, 2, 3, onde buscamos o número 4. Na primeira iteração, o ponto médio é 2, então a função se chamaria novamente com a lista [3].

Na próxima iteração, o ponto médio é 0, e como o alvo ainda é maior, a função chamaria a si mesma passando uma **lista vazia** (já que o índice *0 + 1* em uma lista de um único elemento não existe).

Quando temos uma lista vazia, isso significa que percorremos toda a lista e **o valor não foi encontrado**. Por isso, definimos a **lista vazia como uma condição de parada**, ou **caso base**, que retorna **False**. Se **não** for uma lista vazia, então temos um conjunto totalmente diferente de instruções a serem executadas.

Primeiro, obtemos o ponto médio da lista. Depois de termos esse ponto médio, podemos introduzir nosso próximo caso base: Se o valor no ponto médio for **igual ao alvo**, retornamos **True**. Com essas duas condições de parada, cobrimos **todos os caminhos possíveis de lógica** no algoritmo de busca: Você **encontra o valor**, ou **não**.

Uma vez que temos os **casos base**, o restante da implementação da função recursiva consiste em **chamar a função com listas menores** até que um desses casos seja atingido. O número de vezes que uma função recursiva chama a si mesma é chamado de **profundidade recursiva**.

Agora, o motivo pelo qual menciono tudo isso é que, se depois de começar a estudar algoritmos você decidir seguir estudando por conta própria, pode começar a ver muitos algoritmos implementados com recursão.

A forma como implementamos a busca binária na primeira vez é chamada de **solução iterativa**. Quando você vê a palavra *iterativa*, geralmente significa que a solução foi feita com algum tipo de **laço** (*loop*).

Já uma **solução recursiva**, por outro lado, envolve um conjunto de **condições de parada** e uma **função que se chama a si mesma**.

Cientistas da computação e livros de ciência da computação, especialmente os mais antigos, favorecem o uso de linguagens chamadas **funcionais**. Em linguagens funcionais, evitamos modificar os dados passados para uma função.

Na nossa primeira versão da busca binária (seção 1.3.2), criamos as variáveis *first* e *last* e as modificamos conforme necessário. **Linguagens funcionais não gostam disso** — essa modificação de variáveis é evitada. Em vez disso, prefere-se uma **solução recursiva**. Uma linguagem como o **Python**, que estamos usando, é o oposto — **não gosta de recursão.** Na verdade, o Python tem um **limite máximo de profundidade recursiva**, após o qual a função interrompe sua execução. Python prefere uma **solução iterativa**.

Mencionei tudo isso por dois motivos:

1. Se você decidir implementar algoritmos em outra linguagem que **não seja Python**, pode descobrir que uma **solução recursiva** é a melhor opção nessa linguagem. Por exemplo, eu sou desenvolvedor iOS e trabalho com uma linguagem chamada **Swift**. O Swift é diferente do Python: **não se importa com a profundidade da recursão** e **não precisa de truques**, não importa quantas vezes a função se chame. Então, se quiser ver isso em Swift, precisa entender como a recursão funciona. E agora você já tem uma ideia!

2. O **segundo motivo** é **ainda mais importante** — e para descobrir o que é, siga para a próxima seção.

1.4.2. Complexidade de Espaço

No início deste livro, eu mencionei que existem duas formas de medir a eficiência de um algoritmo. A primeira é a **complexidade de tempo**, ou seja, como o tempo de execução de um algoritmo cresce à medida que **n** aumenta. A segunda é a **complexidade de espaço**.

Levamos um bom tempo para construir esse exemplo, mas agora estamos em um bom ponto para discutir a complexidade de espaço.

Complexidade de espaço é uma medida de **quanto armazenamento extra ou temporário** é necessário à medida que um determinado algoritmo cresce. Hoje em dia, não pensamos muito nisso, mas **tudo** que fazemos em um computador ocupa **espaço e memória**. Nos primórdios da computação, considerar o uso de memória era de **importância máxima**, porque a memória era limitada e **muito cara**.

Hoje em dia, somos privilegiados. Nossos dispositivos são recheados de memória. Isso é aceitável quando escrevemos código do dia a dia, porque a maioria de nós **não trabalha com conjuntos de dados enormes**. Porém, **quando escrevemos algoritmos, precisamos pensar sobre isso**, porque queremos projetar nossos algoritmos para que tenham o **melhor desempenho possível** à medida que o tamanho dos dados **n** cresce muito.

Assim como a complexidade de tempo, a complexidade de espaço é medida **no pior caso** usando a **notação Big O**. Como você já está familiarizado com os diferentes tipos de complexidade, vamos direto para um exemplo.

Vamos considerar nossa implementação **iterativa** da busca binária — aquela que escrevemos na **seção 1.3.2**, que usa um **laço** *while*. Vamos analisar o que acontece com o uso de memória à medida que **n** aumenta. Vamos trazer de volta essa função.

```
def busca_binaria(lista, alvo):
    primeiro = 0
    ultimo = len(lista) - 1
    while primeiro <= ultimo:
        meio = (primeiro + ultimo)//2
        if lista[meio] == alvo:
            return meio
        elif lista[meio] < alvo:
            primeiro = meio + 1
        else:
            ultimo = meio - 1
    return None
```

```
def verificar(indice):
    if indice is not None:
        print("Alvo encontrado no índice: ", indice)
    else:
        print("Alvo não encontrado na lista")

numeros = [1,2,3,4,5,6,7,8,9,10]

resultado = busca_binaria(numeros, 6)
verificar(resultado)
```

Vamos supor que começamos com uma lista de 10 elementos. Agora, ao inspecionar o código, vemos que nossa solução depende fortemente dessas duas variáveis, *primeiro* e *último*. *primeiro* aponta para o início da lista e *último* para o final. Quando eliminamos um conjunto de valores, não criamos de fato uma sublista. Em vez disso, apenas redefinimos *primeiro* e *último* (destacados em amarelo no código acima) para apontar para uma seção diferente da lista.

Como o algoritmo considera apenas os valores entre *primeiro* e *último* ao determinar o ponto médio, ao redefinir *primeiro* e *último*, conforme o algoritmo avança, conseguimos encontrar uma solução usando apenas a lista original. Isso significa que, para qualquer valor de *n*, a complexidade de espaço da versão iterativa da busca binária é constante — ou seja, a versão iterativa da busca binária utiliza espaço constante. Lembre-se de que representamos isso como **O(1)**.

Isso pode parecer confuso, porque, à medida que *n* cresce, precisamos de mais armazenamento para comportar esse tamanho maior de lista. Isso é verdade, mas esse armazenamento **não** é o que a complexidade de espaço está tentando medir. O que nos interessa é o quanto de **armazenamento adicional** é necessário à medida que o algoritmo é executado e tenta encontrar uma solução.

Se assumirmos algo simples, por exemplo, que para um tamanho de lista representado por *n*, leva *n* unidades de espaço para armazená-la (seja lá o que isso signifique), então para a versão iterativa da busca binária — não importa o quão grande seja a lista no início, meio ou fim do processo — a quantidade de armazenamento exigida **não aumenta** além de *n*. Por isso consideramos que ela roda com espaço constante.

Agora, com a versão recursiva, a história é completamente diferente. Na versão recursiva da busca binária, não usamos variáveis para acompanhar qual parte da lista está sendo trabalhada. Em vez disso, criamos **novas listas** a cada chamada da função, com subconjuntos de valores — ou sublistas — em cada execução recursiva.

Vamos assumir que temos uma lista de tamanho *n*, e no pior cenário, o elemento alvo é o último da lista. Chamar a implementação recursiva da busca binária nessa lista e nesse alvo levaria a um cenário assim: a função chamaria a si mesma e criaria uma nova lista que vai do ponto médio até o final da lista. Como estamos descartando metade dos valores, o tamanho da sublista é *n/2*. Essa função continuará se chamando e criando uma nova sublista que é metade do tamanho da anterior, até chegar a uma lista com um único elemento e uma condição de parada.

Esse padrão, onde o tamanho da sublista é reduzido por um fator a cada execução da lógica algorítmica, já vimos antes. Lembra onde? Isso é exatamente como a **busca binária** funciona — ela descarta metade dos valores a cada passo até encontrar a solução. Agora, sabemos que, por causa desse padrão, o tempo de execução da busca binária é logarítmico. Na verdade, a **complexidade de espaço** da versão recursiva da busca binária é

a mesma.

Se começarmos com uma alocação de memória de tamanho *n* correspondente à lista, a cada chamada da função de busca binária recursiva, precisamos alocar memória adicional de tamanho *n/2*, *n/4* e assim por diante, até termos uma sublista vazia ou com um único valor. Por isso, dizemos que a versão recursiva do algoritmo de busca binária roda com **complexidade de espaço logarítmica**, com Big O de **O(log n)**.

Isso está ilustrado na Figura 1.4.1.

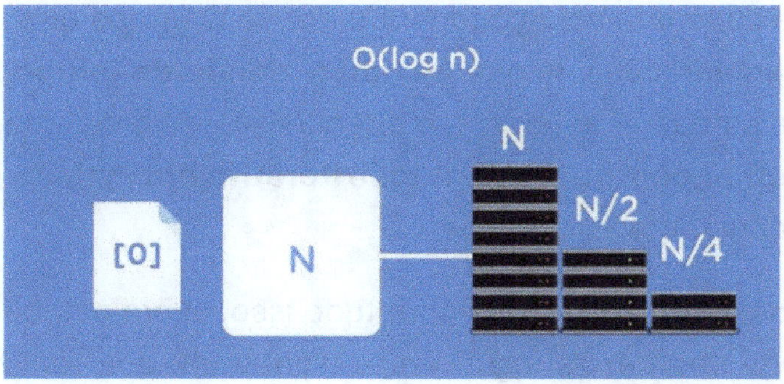

Figura 1.4.1: Ilustração da complexidade espacial da versão recursiva da busca binária

Agora, há uma observação importante aqui: isso depende totalmente da linguagem de programação. Lembra como eu disse que uma linguagem como Swift pode fazer alguns truques onde a profundidade da recursão não importa? O mesmo conceito se aplica aqui. Se você quiser ler mais sobre esse conceito, ele se chama **otimização de cauda** (*tail optimization*). Esse nome vem do fato de que, se pensarmos em uma função como tendo uma "cabeça" e uma "cauda", quando a chamada recursiva está na última linha do código da função — como acontece na seção 1.3.3 —, chamamos isso de **recursão de cauda**, já que é a última parte da função que se chama novamente.

Agora, o truque que o Swift faz para reduzir a quantidade de espaço, e portanto a sobrecarga computacional necessária para acompanhar essas chamadas recursivas, é chamado de **otimização de chamada de cauda** (*tail call optimization*) ou **eliminação de chamada de cauda** (*tail call elimination*). Esse é um daqueles conceitos que você vai ver sendo mencionado com frequência em discussões sobre algoritmos, mas que nem sempre será relevante para o seu caso.

E aí vem a pergunta: isso é relevante para nós? Bem, o **Python não implementa otimização de chamada de cauda**, então a versão recursiva da busca binária consome espaço logarítmico. Se tivermos que escolher entre as duas implementações, já que a **complexidade de tempo (ou tempo de execução)** de ambas — a iterativa e a recursiva — é a mesma, **com certeza deveríamos optar pela implementação iterativa em Python**, já que ela roda com espaço constante.

Ufa! Isso foi bastante coisa. Mas com tudo isso, agora estabelecemos duas formas importantes de distinguir entre algoritmos que realizam a mesma tarefa — e determinar qual deles devemos usar.

1.4.3. Recapitulação do que você aprendeu

Chegamos a um ponto que considero ideal para fazer uma boa pausa e deixar todos esses novos conceitos se assentarem. Mas antes de partir para os exercícios de prática, vamos tirar alguns minutos para recapitular tudo o que aprendemos até agora.

Embora tenhamos implementado dois algoritmos neste curso, em código real, boa parte do que vimos aqui foi conceitual — e isso servirá como base para tudo o que vamos aprender no futuro. Então, vamos listar tudo isso.

1. Pensamento Algorítmico

A primeira coisa que aprendemos — e talvez a mais importante — foi o pensamento algorítmico. Pensamento algorítmico é uma abordagem para resolução de problemas que envolve dividir um problema em uma entrada (input) e saída (output) bem definidas, junto com um conjunto distinto de passos que resolvem o problema ao levar a entrada até a saída.

Pensamento algorítmico não é algo que você desenvolve da noite para o dia fazendo um único curso, então não se preocupe se você estiver pensando: "Ainda não sei como aplicar o que aprendi aqui." O pensamento algorítmico se consolida à medida que você passa por diversos exemplos, como fizemos hoje. Também ajuda bastante aplicar esses conceitos em exemplos reais — algo que vamos continuar fazendo daqui pra frente.

De qualquer forma, é importante lembrar que o principal objetivo aqui **não é decorar como implementar uma estrutura de dados ou algoritmo de cabeça**. Sendo sincero, até eu precisei pesquisar alguns trechos de código ao escrever este curso. Mas ao passar por este conteúdo, agora você sabe que o algoritmo de busca binária existe e consegue aplicá-lo quando precisar de uma busca mais rápida. Diferente de muitos cursos nos quais você aplica o que aprendeu para construir algo legal de imediato, aprender sobre algoritmos e estruturas de dados é algo que traz mais retorno **no longo prazo**.

2. Como Definir e Implementar Algoritmos

A segunda coisa que aprendemos foi como definir e implementar algoritmos. Já vimos essas diretrizes várias vezes (veja a Figura 1.1.8), então não vou insistir nisso aqui no final. Mas quero te lembrar que, se você costuma ficar confuso sobre como dividir um problema de programação em partes mais gerenciáveis, seguir aquelas diretrizes de algoritmos é um ótimo ponto de partida.

3. Big O e Tempos de Execução

Depois, aprendemos sobre Big O e como medir a **complexidade de tempo** dos algoritmos. Esse é um tópico razoavelmente complexo, mas, depois de abstrair a parte matemática, ele deixa de parecer tão nebuloso quanto parece no início. Não me entenda mal — a matemática é bastante importante —, mas mais para quem está projetando e analisando algoritmos. Nosso objetivo aqui é mais sobre **compreender e avaliar algoritmos**.

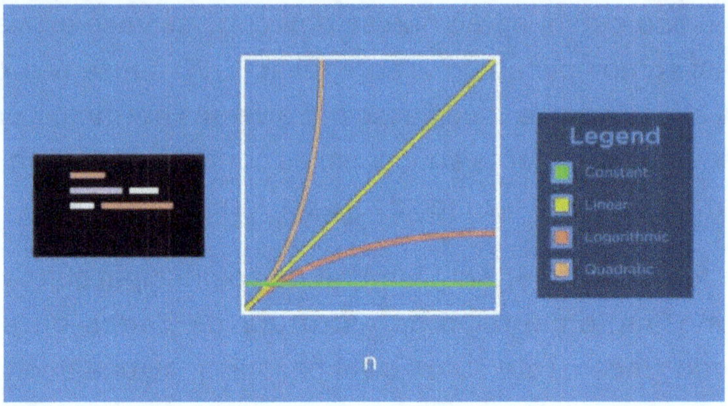

Figura 1.4.2: Gráfico dos tempos de execução de diferentes algoritmos

Tradução dos Rótulos da Imagem:

- Legend → Legenda
- Constant → Constante
- Linear → Linear
- Logarithmic → Logarítmico
- Quadratic → Quadrático

Aprendemos sobre tempos de execução comuns, como **constante, linear, logarítmico** e **quadrático**. Esses ainda são conceitos relativamente novos, mas com o tempo você será capaz de identificar rapidamente o tempo de execução de um algoritmo apenas observando o código que escreveu, além de entender onde ele se encaixa na escala de eficiência.

Com o tempo, você também vai internalizar os tempos de execução de algoritmos populares — como o fato de que a **busca binária** tem tempo **logarítmico** e usa **espaço constante** — e será capaz de recomendar algoritmos alternativos para um determinado problema. No geral, com o tempo, a quantidade de ferramentas no seu "cinto de utilidades" vai aumentar.

4. Algoritmos de Busca Importantes

Depois, aprendemos sobre **dois algoritmos de busca importantes** e as situações em que escolhemos um em vez do outro. Também implementamos esses algoritmos em código para que você pudesse vê-los funcionando. Fizemos isso em Python, mas se você for mais familiarizado com outra linguagem, tente implementá-los por conta própria. É um ótimo exercício para praticar.

5. Recursão

Por fim, aprendemos sobre um conceito fundamental e uma forma de escrever código algorítmico: a **recursão**. Recursão é um tema complicado e, dependendo da linguagem que você usa, você pode acabar lidando com ela mais ou menos frequentemente. Também é bom estar ciente disso, porque, como vimos na implementação da busca binária, **usar ou não recursão afeta diretamente a quantidade de espaço utilizada**.

Não se preocupe se ainda não entende totalmente como escrever funções recursivas. Para ser honesto, nem eu entendo 100% de cabeça. A boa notícia é que você sempre pode pesquisar, ver como outras pessoas fazem e aprender com isso. Sempre que recorrermos à recursão nos meus cursos daqui pra frente, você terá uma explicação completa de como e por que a função está fazendo o que está fazendo. Isso nos leva ao final da **Parte Um** deste curso.

Reforçando mais uma vez: **o objetivo da Parte Um** foi te preparar para aprender algoritmos mais específicos, apresentando algumas das ferramentas e conceitos que você vai precisar daqui em diante. Então, se você está pensando: "Ainda não sei escrever muitos algoritmos ou aplicar o pensamento algorítmico", tudo bem. A gente chega lá. Apenas continue firme. E como sempre: **divirta-se e feliz programação!**

Todos os Livros da Série:

Volume 1: Introdução a Algoritmos e Estruturas de Dados 1

Volume 2: Introdução a Algoritmos e Estruturas de Dados 2

Volume 3: Introdução a Algoritmos e Estruturas de Dados 3

1.4.4. Exercício de Prática 5

Q1. Complexidade de espaço é uma medida de quanto armazenamento total um algoritmo utiliza. Escolha a alternativa correta abaixo.

A. Verdadeiro

B. Falso

Q2. O que é profundidade de recursão? Escolha a alternativa correta abaixo.

A. O número de vezes que uma função recursiva chama a si mesma

B. O número de operações que uma função recursiva precisa executar

C. O número de linhas de código em uma função recursiva

Q3. No mínimo, toda função recursiva deve incluir qual dos seguintes elementos? Escolha a alternativa correta abaixo.

A. Uma estrutura de repetição (loop)

B. Um caso base ou condição de parada

C. Recursão de cauda

Q4. Quais das afirmações a seguir são verdadeiras? Escolha a alternativa correta abaixo.

A. Uma função recursiva implementa sua lógica usando uma estrutura de repetição enquanto uma função iterativa chama a si mesma

B. Uma função iterativa implementa sua lógica usando uma estrutura de repetição enquanto uma função recursiva chama a si mesma

1.4.5. Respostas do Exercício de Prática 5

1. B

2. A

3. B

4. B

1.5. Baixe os Recursos de Treinamento e Obtenha Ajuda Adicional

Aqui está o link que você pode usar para baixar os códigos que escrevemos, capturas de tela usadas neste livro, mais exercícios práticos e outros recursos de treinamento:

https://ln5.sync.com/dl/3448f5f90/s6wvzr5w-fwdezt2r-bp78yxma-uwnwvmcs

Como alternativa, você pode usar este link curto do BIT.LY:

http://bit.ly/3zFSnWV

Esses recursos são atualizados regularmente para fornecer ajuda adicional. Se você precisar entrar em contato comigo por qualquer motivo, ou quiser compartilhar seus códigos comigo, use o e-mail abaixo. Responderei muito rapidamente. Prometo.

Abraços,

Bolakake Aremu
AB Publisher LLC
ABPublisherLLC@gmail.com

www.ingramcontent.com/pod-product-compliance
Lightning Source LLC
LaVergne TN
LVHW082040051026
849532LV00011B/3430